大夏

大夏书系·师道文丛

小学大爱

Xiaoxue Daai
Xiaoxue Jiaoshi Shide Anli Duben

小学教师师德案例读本

蔡辰梅 著

檀传宝 丛书主编

华东师范大学出版社
全国百佳图书出版单位

图书在版编目（CIP）数据

小学大爱：小学教师师德案例读本／蔡辰梅著 . —上海：华东师范大学出版社，2016

（大夏书系·师道文丛）

ISBN 978 - 7 - 5675 - 5599 - 0

Ⅰ.①小 ... Ⅱ.①蔡 ... Ⅲ.①小学教师—师德—研究 Ⅳ.① G625.1

中国版本图书馆 CIP 数据核字（2016）第 208061 号

大夏书系·师道文丛

小学大爱
——小学教师师德案例读本

丛书主编	檀传宝
著　者	蔡辰梅
策划编辑	李永梅
审读编辑	朱　颖
封面设计	奇文云海·设计顾问

出版发行　华东师范大学出版社

社　址　上海市中山北路 3663 号　邮编　200062

网　址　www.ecnupress.com.cn

电　话　021 - 60821666　行政传真　021 - 62572105

客服电话　021 - 62865537

邮购电话　021 - 62869887　**地　址**　　上海市中山北路 3663 号华东师范大学校内先锋路口

网　店　http://hdsdcbs.tmall.com

印 刷 者　北京密兴印刷有限公司

开　本　700 × 1000　16 开

插　页　1

印　张　11.5

字　数　140 千字

版　次　2016 年 9 月第一版

印　次　2016 年 9 月第一次

印　数　6 100

书　号　ISBN 978 - 7 - 5675 - 5599 - 0/G · 9756

定　价　32.00 元

出 版 人　王　焰

（如发现本版图书有印订质量问题，请寄回本社市场部调换或电话 021-62865537 联系）

丛书总序

"为我们自己的"和"对我们自己的"道德教育

在日常的学校生活中，所谓德育自然是针对学生的实践。很少有人明晰、自觉地认识到，存在也必须存在一种针对我们教师自身的道德教育——教师专业伦理（或者"职业道德"）的修养。教师专业伦理修养、建设的实质，就是为师者"对我们自己的"，也是"为我们自己的"最重要的德育。

一、为何师德修养是"为我们自己的"德育？

"对我们自己的"、"为我们自己的"是一种有趣的相互解释、相互支持的关系。因为"对我们自己"的德育——师德修养首先是为师者"为自己的"最重要的自我教育。最重要的原因包括——

1.师德修养的实质是教师的"为己之学"

之所以要修养师德，是因为教师专业伦理是我们人生与职业生活质量的最主要的保障。做一个幸福的普通人和做一个幸福的教师，都需要我们修养并且恪守教育的专业伦理。

德福一致，被公认为伦理学的公理。这是因为就精神意义上的幸福（"雅福"）而言，没有人可以不讲道德而获得幸福，就像没有人可以做到

"做了亏心事"还真的能"不怕鬼敲门"。就像王阳明曾经说的，即便是脸皮再厚的惯偷，"唤他做贼，他还扭捏"！反之，高品质的人生，坦荡、宁静的幸福生活当然就需要无愧于天地和他人的行为规范。即便是包含功利计较的幸福（"俗福"），从总概率上说，遵守道德也一定是"划得来"的生活智慧。因为如果总体上不是"善有善报，恶有恶报"，就没有人会理会社会生活中的"交通规则"，则社会生活就会遭遇无穷无尽的交通事故而最终无以为继。也正是因为这一点，伦理学家才解释说，恶人反而活得更好之类的错觉缘于人们对那些德福一致反例的震惊，而这一震惊恰恰证明"善有善报，恶有恶报"的原则从根本上说是更为合乎自然、必然的心灵秩序。

如果我们承认德福一致这个公理，则修养道德，尤其是修养师德当然就是"为我们自己的"幸福生活所做的自我努力。

2. "对我们自己的"教育也是专业上的自我提升

每一个从教的人，都希望获得"得天下英才而教育之"的幸福人生。从教育专业人的角度，师德更是我们收获教育幸福的根本保证。

幸福是人的目的性自由实现的人生状态。没有"目的性"，或者没有"人的""目的性"，就等于没有健康、正常人生应有的梦想。而没有梦想，当然就不可能有梦想实现的人生及喜悦。许多教师遭遇职业倦怠，或者在教育生活中浑浑噩噩、索然无味地打发光阴，是因为他们没有教育家应有的事业心，或者"教育梦"，或者，其某些所谓的"梦想"其实不过是一些追名逐利的猪槽边上的寻觅——将工具性目标看成是人生终极目的的伪梦想。因此，爱岗敬业或者有教育之梦等等，说到底乃是教师获得教育幸福的第一前提。换言之，不断形成、提升教育事业的动机水平，实现教育人生境界的提升乃是教师自我修养的第一要义。

人的目的性自由实现还需要有专业的本事。专业的本事当然首先包括业务上的本事。教不好数学的数学老师当然很难在数学课教学里获得幸福的喜悦，著名数学家陈景润在做中学数学老师时就曾经备感挫折。同理，在学科专业、教育专业修养上有缺失的任何一个科任老师也很难享受任一科目教育的"怡然之乐"。专业的本事还不仅仅是"业务"，也包括专业道德。比如，一个语文老师爱学生的第一件要紧事就是教好语文。因为倘若不能给孩子们的语文学习以应有的帮助同时又宣称"爱学生"，就显得十分可笑、虚幻。同时，业务不仅是包括，还需要专业道德。比如没有事业心（不爱岗敬业）、没有从事教育的内在热情，成为"好教师"的概率为零；又比如，不遵守专业伦理，师生关系、同事关系等等非常糟糕的老师，即便业务好也会在效益上打折扣，流失本该拥有的更为丰沛的教育幸福。因此，从这一角度看，教养即业务，专业伦理的修养也是我们做教师的应有的"本事"。

总之，师德建设从根本上是教师的"为己之学"。从根本上来说，师德修养是我们做教师的人"为我们自己的"、"对我们自己的"自我教育。

二、如何开展"对我们自己的"自我德育？

如果我们承认教师专业伦理的修养是"为我们自己的"、"对我们自己的"自我教育，那么，如何开展这一"对我们自己的"德育就十分重要。一般说来，师德修养的基本路径有如下两个方面。

1. 教育伦理的专业研习

教育家赫尔巴特将伦理学看成是教育学的两大基础之一（另外一个学科是心理学），是有道理的。不仅在于伦理学有助于界定教育的目的，也在于伦理学有助于教育效能的提升。但是近代以来，教师的培育、养成，教育伦理的修养所占成分极低。考虑到教育质量低下、教育风气败坏的普遍现实，这一缺憾实在是令人扼腕之至。因此，对于有良知的教育者而言，自觉修养教育伦理实在是当务之急的基本功课。

教育伦理的学习、研究，我们需要考虑三个最主要的领域。首先，教师必须有一般伦理学的学习经历。其实一般人也要学习伦理学。比如学习过亚里士多德关于勇敢的论述的人，当然会更自觉地远离怯懦与莽撞，修养真正的勇敢之德。我们做教师的要做孩子们的人生导师，若我们是伦理学上的"睁眼瞎"，则后果十分可怖。其次，教师要研究伦理在教育应用中的特殊性。法官的公正不等于教师的公正，家长的自然之爱也不同于教师的伦理关怀。不做教育伦理上的明白人，就意味着接受低效、灰暗的教育人生。最后，教师要修养建构教育伦理规范的自觉性。许多教育管理部门喜欢不断自上而下颁布"师德规范"，教师们也往往只是逆来顺受，被动接受这些看起来十分重要的职业规矩。如果我们承认专业伦理的研习是"为己之学"，我们就应该变他律为自律，为自己的教育人生去自我立法。而自我立法的本事当然又需要我们通过不断研习教师伦理学去自觉修炼。

2. 教育实践的伦理反思

师德修养的另外一个基本路径是保持对于教育实践的伦理反思态度与习惯。除了对一般伦理原则的恪守，这一反思态度与习惯需要特别针对以下两种教育实践带来的特殊性。

首先是具体教育职业的特殊性。所谓教育职业的特殊性指的是教师的工作场域不同于一般的个人、农民、法官、公务员，教师的日常生活主要是在学校，教学、科研、社会服务是我们最最主要的任务。在日常教学生活中，在教学研究、科学研究中有哪些伦理问题？在不同领域工作的老师在教学伦理实践上会遭遇怎样不同的挑战？在给社会提供教育服务时应当具有哪些道德的敏感性？教师是普通公民，在日常生活中要不要回应"你还是个教师吗"这样的诘问？

其次是具体教育人生的特殊性。所谓教育人生的特殊性是指教师职业伦理发展的时间维度的特殊性。人生的不同阶段有不同的舞台，台台都有不同的风景。比如一个新手、一个成熟的中年教师、一个即将退休的老教育工作者，他们面对的教育生活实际就有很大的差异……因此，教育实践的伦理反思是一种对教育人生的生涯元反思。同理，处于不同学段的老师，比如学前、小学、中学、大学教师面对的教育对象、教育内容等等如此不同，没有结合学段实际的伦理反思怎么可能是真正的实践反思？

一言以蔽之，教育实践的伦理反思的最高旨趣在于学以致用、解决现实问题，即在理论学习的基础上做面向教育实践、服务教育实践、提升教育实践的伦理功夫。

三、"师道文丛"的主要努力

"师道文丛"所收著作，是多年团队努力的结晶。从 1998 年起，本人一直保持对教师专业伦理的学术兴趣，从《教师伦理学专题——教育伦理范畴研究》（2000），到《走向新师德——师德现状与教师专业道德建设研究》（2009），再到这套丛书，都是本人及我指导的研究生团队（主要是博士生，现在他们大多工作在各大知名院校）筚路蓝缕、努力前行的见证。

这一次，我们的"野心"主要集中在两个领域：一是面向实践的教育伦理分析，二是分学段的教师伦理建构。

之所以要"面向实践的教育伦理分析"，是因为实践中已经积攒了太多的伦理问题，需要我们勇敢去面对。曾经有教育主管部门希望我编一本分析"校长开房"之类"典型师德案例"的教师读本，被我断然拒绝。原因是，真正在专业上"典型"的师德事件往往不是官员们所要面对的突发、偶发的恶性师德新闻（那些反而不是常例），而是教师们正常、日常的教育生活中必须天天面对的伦理课题。比如：教育内容如何选择、教育方法如何斟酌，才合乎专业伦理？新世代的师生关系怎样建构才能公正而有温情？教师的惩戒权如何获得教育性的保障？如何处理家校关系，既形成教育合作又保障教育的尊严？教师的专业形象如何避免神化与魔化的恶性循环？如此等等。我们希望通过对典型案例的分析，与读者一起形成对于教育伦理的系统观察、分析与建构。

"分学段的教师伦理建构"更是我们念兹在兹的希望。遍观国内书市或图书馆有关教师伦理、教师职业道德的著作，对教师真正有益的为数聊聊。其主要原因之一就是大而化之、笼而统之，将不同学段"一锅煮"。而事实上幼儿园教师、中小学教师、大学教师虽然有教育伦理的一致性，但是由于教育生活的巨大差异，他们所要面临的伦理课题也差异甚大。就像幼儿园的小朋友不同于已经成年的大学生，学前到大学各学段教育伦理内容结构、主题、重点、背景均大不相同。不做专门、具体的研究，"对我们自己的"、"为我们自己的"道德教育如何做到有的放矢、因材施教？也许，我们已经完成的分阶段教师伦理研究还是一颗刚刚发芽、不算强大的种子，但是种子既然已经发芽，只要不乏阳光雨露，假以时日，这一领域的中国教育伦理研究的参天大树就可以被我们理性期待。

基于以上宗旨，本套丛书从 2012 年起就开始了整体策划，历经一线调研、集体研讨、顶层设计、研究与写作等阶段。最终我们集体呈现给读者的是 4 本分学段师德案例（分析）读本、4 本分学段教师伦理学研究，以及一本《教师专业伦理基础与实践》，总共 9 本著作。婴啼初试，瑕疵难免，但这套师道文丛"为我们自己的"初心执著而真诚。其突出功能与特色在于，我们希望通过集体的努力为全国同行提供一套系统、专业、可读的"对我们自己的"德育教材与教参。阅读、研讨、交流、建构，我们由衷希望"师道文丛"能够对大家的教师专业伦理研习、提升有所裨益！

檀传宝

2015 年 12 月 31 日，京师园三乐居

目 录
contents

专题一　为什么要做一个"好老师"
　　——坚守专业伦理的理由

003　留在记忆深处的小学老师

006　寻找成为"好老师"的理由

011　谁是"好老师"

015　人间正道——走上那条成为"好老师"的路

专题二　老师心中的那杆秤
　　——小学教师的公正

025　公正的力量

027　老师，是什么令您难以公正

031　公正：为心灵安宁，也为未来公民

037　道不远人——追求并实现公正

专题三　师者仁心
——小学教师的仁慈

047　"老师，请不要说出我的秘密"

052　是什么令教师的心变硬

056　将"仁""慈"的真意放进心里

060　吾欲仁，斯仁至——教师仁慈的达成

专题四　让学校成为一个柔软的地方
——小学教师的道德敏感

071　为了公开课的欺骗

076　体味"道德敏感"

079　道德敏感在细微中彰显

087　上善若水——教师道德敏感的实现

专题五 "不跪着教书"
　　——小学教师的道德勇气

095　制度就是这样的，我有什么办法

097　是什么令我们日渐失去应有的勇气

101　道德勇气是怎样的勇气

103　勇者无惧——教师道德勇气的实现

专题六 善用生杀予夺之权
　　——小学教师的惩戒之善

119　惩戒——或唤醒天使，或制造魔鬼

122　教师惩戒之善恶

125　寻找惩戒之善的边界

129　长善救失——教师惩戒之善的实现

专题七 伤人或疗伤
——小学教师的语言之善

147 师者戏言之恶

151 师者美言之善

153 可如春雨可如刀的教师语言

158 立德立言——教师语言之善的实现

167 **推荐阅读**

专题一　为什么要做一个"好老师"

——坚守专业伦理的理由

留在记忆深处的小学老师

我的老师

莫 言

给我留下了印象的第一个老师是一个个子很高的女老师，人长得很清爽，经常穿一身洗得发了白的蓝衣服，身上散发着一股特别好闻的肥皂味儿。她的名字叫孟宪慧或是孟贤惠。我之所以记住了她是因为一件很不光彩的事。那是这样一件事：全学校的师生都集中在操场上听校长作一个漫长的政治报告，我就站在校长的面前，仰起头来才能看到他的脸。那天我肚子不好，内急，想去厕所又不敢，将身体扭来扭去，实在急了，就说：校长我要去厕所……但他根本就不理我，就像没听到我说话一样。后来我实在不行了，就一边大哭着，一边往厕所跑去。一边哭一边跑还一边喊叫：我拉到裤子里了……我自然不知道我的行为带来的后果，后来别人告诉我说学生和老师都笑弯了腰，连校长这个铁面人都笑了。我只知道孟老师到厕所里找到我，将一大摞写满拼音字母的图片塞进我的裤裆里，然后就让我回了家。

第二个让我终生难忘的老师是个男的，其实他只教过我们半个学期体育，算不上"亲"老师，但他在我最臭的时候说过我的好话。这个老师名叫王召聪，家庭出身很好，好像还是烈属，这样的出身在那个时代里真是像金子一样闪闪发光。一般的人有了这样的家庭出身就会趾高气扬，目中无人，但人家王老师却始终谦虚谨慎，一点都不张狂。因为我当着一个同学的面说学校像监狱，老师像奴隶主，学生像奴隶，学校就给了我一个警告处分，据说起初他们想把我送到公安局里去，但因为我年龄太小而幸免。

出了这件事后，我就成了学校里有名的坏学生。他们认为我思想反动，道德败坏，属于不可救药之列，学校里一旦发生了什么坏事，第一个怀疑对象就是我。为了挽回影响，我努力做好事，冬天帮老师生炉子，夏天帮老师喂兔子，放了学自家的活儿不干，帮着老贫农家挑水，但我的努力收效甚微，学校和老师认为我是在伪装进步。

一个夏天的中午——当时学校要求学生在午饭后必须到教室午睡，个大的睡在桌子上，个小的睡在凳子上，枕着书包或者鞋子。那年村子里流行一种木板拖鞋，走起来很响，我爹也给我做了一双——我穿着木拖鞋到了教室门前，看到同学们已经睡着了。我本能地将拖鞋脱下提在手里，赤着脚进了教室。这情景被王召聪老师看在眼里，他悄悄地跟进教室把我叫出来，问我进教室时为什么要把拖鞋脱下来，我说怕把同学们惊醒。他看了我一眼，什么也没说就走了。

事后，我听人说，王老师在学校的办公会上特别把这件事提出来，说我其实是个品质很好的学生。当所有的老师认为我坏得不可救药时，王老师通过一件小事发现了我内心深处的良善，并且在学校的会议上为我说话。这件事，我什么时候想起来什么时候感动不已。

在《我的老师》这篇文章的开头，莫言写道："这是一个千万人写过还将被千万人写下去的题目。用这个题目做文章一般都抱着感恩戴德的心情，当然我也不愿例外。"在每一个人的成长记忆里，都会或多或少、或深或浅地留下老师的身影。当记忆被唤醒，很多东西都已流逝，留在心灵深处的往往是让内心柔软、让心空光明的点点滴滴。而这点点滴滴所折射的，却是教师作为人的善良、仁厚、尽责、正直。正因为如此，才会有莫言所说的对于老师的"感恩戴德"。老师对学生好，并不会时时想着让学生"感恩戴德"，然而，当一个学生长大成人之后，说起老师会感恩戴德时，那一定是给予一个老师的最高荣耀。

人们常会感叹："此生有幸，遇到一位好老师。"师生是一种相遇。而这种相遇是一种美好还是灾难，取决于孩子遇到了一位怎样的老师。遇到好老师，会是一种人生，遇到坏老师，就有可能是另外一种命

> 好老师在孩子们必经的河流里为他们铺上垫脚石，年复一年，教师们改变着数以百计或数以千计学生的生活。人们很容易相信世界上遍布着无形的阴谋之网，这种想法并非空穴来风。然而，世间仍有一种纯洁的精神，它集结着人性的光辉。这种精神的拥有者永远不会了解自己对人类的贡献有多么巨大。
>
> ——［美］莱迪斯·A·迪尔奥

运。因此，好老师决定着他的学生的命运。这里的"好"，往往抛开了知识而直指教师的道德。一个道德上的好教师，实现的是对学生整个人生的引领或修正。就莫言而言，普普通通的小学老师带给他的却是支撑性的影响，支撑起他幼小的心，支撑起他对自己、对世界的希望。

寻找成为"好老师"的理由

　　一个"好老师"的力量，在本质上是道德的力量。这种力量能够对学生产生深远影响。美德最大的价值在于其能够创造美德。"个体美德是通过与具有美德的人交往而习得的"，因此，"儿童最有可能受到他们所敬佩的教师的品质的影响"。[①]

1."好老师"能够温暖人心

　　"好老师"的一个最基本的品质就是善良，富有同情心，能够设身处地地为学生着想，能够在学生需要的时候给予他们支持。当莫言拉裤子之后，他在嘲笑声中奔向厕所，一颗幼小的心承受着巨大的羞辱感，面对着巨大的人性冷漠。然而，世界并非一片黑暗，孟老师来到厕所帮他解围。孟老师的慈爱对于幼小的莫言如灯一般，光明而温暖，让他的心感受到一种扶助——自己没有被所有的人冷漠对待，老师这样一个重要的人还在关心和帮助自己。这样一个温暖的存在，就会使人不至于对这个世界太过失望，甚至绝望。马卡连柯曾言，培养一个人就是培养他对未来的希望。这就是一个老师

---

①［加］伊丽莎白·坎普贝尔.伦理型教师［M］.王凯，杜芳芳，译.上海：华东师范大学出版社，2011：24.

的善良的价值。

教师的善良不
仅仅是一种美好的
个人品质，还是一
种重要的教育品质。
教师的善良能够唤
起成长中的个体幼
小心灵的善良，并

> 伦理学或者道德哲学就是要告诉人们应该如
> 何生活，应该选择怎样的生活，但是人们需要的却
> 不仅仅是"应该"，更想知道"为何应该"，也就是
> 说，人们需要"道德的理由"。
>
> ——［美］詹姆斯·雷切尔斯

且完成道德播种的过程。对于小学教师而言，这更是具有道德启蒙的价值。正如居友所强调的："小孩所看到的一切，都将是一种示意；这种示意会导致一种有时可能贯穿整个人生的习惯。"①

2. "好老师"能够扶正人性

在短暂的小学生活中，由于叛逆的性格，莫言一直处于一种善与恶的边缘状态中。面对强势的教育环境，他一定会产生强烈的自我质疑——我是个坏学生吗？我要当好学生吗？在这个少年自我认同建立的关键时期，王老师发挥了关键作用。"当所有的老师认为我坏得不可救药时，王老师通过一件小事发现了我内心深处的良善，并且在学校的会议上为我说话。这件事，我什么时候想起来什么时候感动不已。"当一个少年在人性善恶的边缘徘徊，几近失去成为一个好人的勇气时，老师对他的善良的发现和捍卫，让他灰暗清冷的心被温暖和感动。为了老师的这份认同，少年内心会燃起做个好人的愿望的火苗，并且照亮未来的人生。可见，一个好老师的力量往往

---

① ［法］居友. 无义务无制裁的道德概论［M］. 余涌，译. 北京：中国社会科学出版社，1994：5.

是一种触及心灵的力量，能够拨正人性发展的方向，能够改变孩子人生延展的轨迹。

3. "好老师"能够传递信念

好老师能够让学生看到世界的美好，给学生以希望，而这会演变为珍贵的人生信念。在小学生的世界里，除了父母，老师是他们接触最多的成人。而老师因为拥有独特的教育权威，对孩子们精神世界的影响往往比父母还大。在这种情况下，孩子往往通过教师来建立他们对成人世界的认识和理解。老师对他们好，他们就会用阳光明媚的眼睛打量世界；老师对他们不好，他们的眼神就会蒙上一层灰暗。通过老师这扇重要的窗，他们建立起对世界的判断和信念。对世界的认识越是积极，他们就越是能够充满信心和勇气地面对困难、面对未来。

好老师除了传递关于整个世界的信念，还会影响学生的职业理想和人生信念。这些对学生的影响是终身性的。很多人之所以选择当老师，就是因为自己当初遇到了"好老师"——他们体会到了一个好老师的价值和影响力，他们愿意成为老师那样的人。好老师在这一过程中完成了朴素却无比珍贵的精神传承。

教育的威力

崔修建

那是一个极为偏僻闭塞的山村，由于令人难以想象的贫穷的长期困扰，好容易分来的几个老师都很快调走了。时间一久，许多被生活艰难熬苦了的村民，也开始对教育麻木不仁了，那座破烂不堪的学校更加破烂了，仅剩本村的一个瘸子，在教孩子们认识几个字。于是，恶性循环产生了——越穷越不重视教育，越不重视教育越穷。

那年春天，村里分来一个中师毕业的女孩，女老师多才多艺，课讲得很好，许多已下地干活的孩子，抽空也往学校里跑。

起初，村民都以为年轻的女老师待不了多久也会走的——因为村里人太穷了，许多孩子连课本都买不起。然而，女老师偏偏留了下来，心甘情愿地把自己的工资掏出来贴补给家境困难的学生。

村民们都感动地说："真是遇到了一位难得的好老师啊！"

谁也不会想到，那天大雨过后，在去家访的路上，大家敬佩的女老师摔下了山崖，任孩子们苦苦地呼唤，她再也没有睁开那美丽的眼睛。

两年后，村里考出了第一个中专生——女老师最得意的学生拴柱。

拴柱的父亲兴奋得赶到县城里，卖了300cc的血，请全村人喝了一顿喜庆的酒。去省城读书前的那些日子里，全村人都对拴柱流露出无比羡慕的目光，大家嘴里说的和心里想的一样——拴柱的双脚已经迈出了穷窝窝，再也不用回来受穷受苦了。

但谁都没想到，3年后，中专毕业的拴柱，在大家的一片惊讶中，又回到了依然很穷的村里来，乐呵呵地当上了一名清贫的老师。父母满怀失望地骂他，村民们也纷纷困惑地摇头，说他好容易考出去又回来，实在是犯傻。对此，拴柱只重复了当年那位女老师曾说过的一句朴实的心里话，大家便都沉默不言了。

拴柱一生铭记的老师的那句话是——总要有人做一点儿牺牲呀。

这就是教育的威力——不仅仅在于传递知识、开启心智，还在于塑造心灵，让即使十分卑微的生命，也迸发出耀眼的人性光辉。

像故事中的主人公一样，我也出生在偏僻的农村，那个偏僻的农村里也有善良负责、爱护学生的老师。我的老师给我热饭，天黑了送我回家，在我考出好成绩的时候，带着期望的眼神送给我书，鼓励我。后来，老师突发疾病去世了。再后来，我用巨大的努力当上了一名老师，想像自己的老师那样去教育和影响学生。这就是成为一个好老师的最重要的理由——完成教育灵魂的影响和传承。

谁是"好老师"

在日常生活中，经常会听到这样的对话："你们老师好不好？""我们老师特别好。"我们用最简单的词汇"好"或者"不好"，来表达自己对老师的评价。这里的"好"，有着丰富的内涵，值得我们细细品味。

与此同时，人们也常常用是否"优秀"来评价教师。"好老师"和"优秀老师"一样吗？这是一个值得反思的问题。

1."优秀老师"一定是"好老师"吗？

"好老师"和"优秀老师"在很多情况下是可以统一起来的，但是在一些情况下也会出现矛盾。因为"好"是一种对老师的朴素的、情感性的评价，而"优秀"则往往与体制性的评价标准相关。对于教育而言，没有完美的评价，教师的"好"往往难以与评价体制完全一致，甚至当评价体制本身的伦理正当性令人质疑的时候，教师的"好"还有可能与评价体制背道而驰。因为，教师的"好"更多针对学生而言，更多基于对教育之善的坚守和维护；而在追求功利的教育中，善有可能不是学校追求的最重要的价值目标，甚至可能是被牺牲掉的价值目标。因此，"好"老师往往触及教师的内心和灵魂，是教师倾听良知的呼唤之后所选择的价值。

而"优秀"则不同。体制怎样要求便怎样做，追求优秀的过程就是一个"爬梯子"的过程，"优秀"很多时候并不考虑梯子的顶端搭在哪里，只关注自己爬到了梯子的哪一个高度上。"迎合"体制是"优秀"的方向

> 教学在本质上是一种道德努力。
>
> ——［加］伊丽莎白·坎普贝尔

所在，"不问对错，只求成功"就是"优秀"的宣言。而偏离内在的价值取向的"优秀"，很有可能走向教育的反面，也使教师对自己的价值产生怀疑，产生"越是优秀越可怕"的悖论。当教育制度在应试化和行政化的影响下产生种种偏离教育本原的扭曲现象时，教师对制度和评价的迎合，也就与教育的初衷背道而驰。于是，"优秀"教师所追求的"敬业"、"负责任"都有可能是一种可怕的"无私的自私"——表面上说是为了孩子的成绩，可是在潜意识中常常自问，"我到底是为了人家孩子，还是为了我自己呢？""我是在对孩子们的未来负责呢，还是在对领导负责呢？"

在比较的过程中，我们可以发现"好老师"和"优秀老师"最根本的区别，在于把谁的利益放在第一位。"好老师"总是把学生的利益放在第一位，而"优秀"教师则常常把自己的得失放在最重要的位置上。然而，"优秀教师"在这样一个功利的时代是大受欢迎的，因为他们会把显性成绩目标的实现，不折不扣甚至超人想象地完成。这样"领导满意、家长满意"，自己也会从中受益，可谓皆大欢喜。而这样的皆大欢喜往往以"扼杀童年的快乐"，放弃对"差生"的关怀，牺牲学生全面发展的可能和机会为代价。这些代价往往是隐性的，并且只有在一段时间之后，其弊端才会显露。因此，"好老师"与"优秀教师"之别在深层次上是一种伦理道德之别。此时的"优秀"

是一种失去灵魂的优秀，在迎合体制和追逐利益中失去了作为教师的初心和善意，失落了师者的灵魂。

2. 成为好老师：找回失落的"为师之本"

在日复一日的教学中，在盲目追逐的人流中，我们渐渐失落了"为师之本"。究竟什么样的老师是真正的好老师，究竟教师应该在日常教学中承担怎样的使命，这往往是老师们无暇思考的。老师们在盲目的忙碌中，常常失落了意义。找回失落的"为师之本"，需要教师找到职业自身的神圣使命，找到完成神圣使命的教育过程和方法。

找回教师神圣本真的职业使命，意味着教师必须走出被功利遮蔽的琐碎，超越喧哗，仰望星空，进行"超脱"的思考。因为，"真正的教育能和上帝的王国相媲美，能变成上帝的尘世王国"。① 就像美国《第56号教室的奇迹》中的雷夫老师一样，虽然身处贫民窟的一间普通教室，但是他却深信"一间教室的能量可以是无限的"，深信"我可以对学生的一生产生重要的影响"。正是这样的使命感使他愿意为学生投入更多的时间和心力，为孩子们创造学校生活的奇迹，为自己的教师职业生涯创造奇迹。

找回失落的"为师之本"，意味着教师必须把教育人的目标，落实在日常师生交往的每一个瞬间与细节之中。在这样的过程中，质朴的教师拒绝让分数成为师生交往的唯一尺度，而选择让师生的心灵之间流淌着爱的涓涓细流。此时，学生也许成绩不好，但是却仍然快乐和充满希望，因为老师仍然爱他、关心他。正如一位小学老师所说："也许有些学生的心真的很硬、很冷，很难改变，但是我就这样捂着它，总能捂暖的。"多年之后，一

---

① ［德］第斯多惠. 德国教师培养指南［M］. 袁一安，译. 北京：人民教育出版社，2001：26.

位当年的"差生"在大街上遇到她,把豪车停在她的身旁,"老师,谢谢您当年对我那么好,没有嫌弃我,放弃我。"

总之,教师需要用善良和坚韧,在学生的心中留下温情;而不是用势利和冷漠,在学生心中埋下伤心和仇恨。

人间正道——走上那条成为"好老师"的路

1.确认意义，让"好老师"成为人生的勋章

人天生是一种寻求意义的动物。意义感赋予人行动的动力和勇气，使人能够克服种种困难和障碍，去实现自己认同的价值。然而，意义并不会现成地摆在那里，而是需要去寻找、发现并进行确认。对于教师而言，成为一个"好老师"的基本条件就是主观上有意愿，而这种意愿的产生就来源于内心的意义感。教师需要在观念层面意识到自身职业角色的重要性，以及自己的"好"与"坏"对于那些成长中的生命的巨大影响。确认意义意味着首先需要在整体上确认身份或职业的重要感。

教师寻找和发现成为一名好老师的意义的过程，也需要教师自己善于去获得积极的职业体验和情感反馈。在很多时候，与其说学生需要教师，不如说教师需要学生，教师是在学生的爱戴中产生对教育的眷恋的，是学生的爱支撑教师走得更加坚定，更加高远。这就需要教师善于去捕捉学生稚嫩的心灵中流淌出来的情与爱，获得意义和价值。

山间小道上的驴车

张春莲

1975 年，深秋的一天，太行山崎岖的山道上，一辆驴车颠簸而来，发出吱吱呀呀的声音。赶车的是村里的老乡，车上躺着的那个严严实实盖着

被子的人，是我。我大学刚毕业，就当了班主任，和学生一起到农村参加秋收。——那时的中学生，每学期都有下乡劳动的任务，要和农民一样干活。半个多月，由于日夜劳作，我病倒了。山村缺医少药，离最近的长治市有二十多里山路，不通汽车，生产队长只能让老乡用驴车送我去长治。

凉风吹着，驴车在山路上一颠一颠地往前走。我从昏睡中醒来，眼前渐渐清晰了：一群十三四岁的学生护在驴车周围，快步走着，时不时地低头看看车上的我。见我醒了，立刻七嘴八舌地嚷起来："老师，您总算醒过来啦！""老师您吓坏我们啦！""老师，您要一直病着，我们班谁来管呢？"还有女生上前，摸摸我的额头试体温，有的在一旁紧紧地拉着我的手……

从学生的话语中、眼神里，从他们的动作中，我读出的是焦虑，读出的是关切，我感受到他们手上传过来的温暖，心中涌起莫大的感动。与他们相处不到一个月，在他们身上，我也只是尽了一个教师应该尽的责任，但是，他们却把信任给了我，把真挚的情感给了我。面对他们，我心里涌动的只有一个念头：放下自己的梦，踏踏实实地做一名教师吧，为了可爱的学生！

我就是这样走过了38年的。

在以后的年代，那崎岖山道上吱吱呀呀响着的小驴车，和那些簇拥护送的学生，成为永久的教育印记，——教育我这个教师的第一课，就从这里开始。我能够在人生的漫长旅途中，始终保持一种学生般的单纯与清高，没有被世俗所污染，正是因为这样的经历。在有些人的眼里，这种表现也许显得不成熟和幼稚，但我怕是终生都不会改变了。

2.秉持信念，让我们坚定双脚站立的地方

成为一个好老师，是一种庄严的职业承诺。在漫长的教师职业生涯中，

会遇到种种阻力，令教师难以坚持而归于懈怠。因此，成为一名好教师，需要保持一种积极而坚定的道德信念，相信人性之善，相信教育之善，相信学生有向善的心，相信自己应当在道德层面无可指摘，并且能够成就学生美好的道德品质和人生状态。这里的道德信念是对于人性和教育的信念，同时也是对自我以及教师职业的信念。这种信念是一种选择，在面对利益诱惑、面对困难挫折的时候，仍然能够依靠内在的力量不向恶妥协，不向恶的方向迈步，不被恶的环境裹挟，坚守着自己内心的道德立场，以实现心中的教育信念。

一个女教师的祈祷

[智利] 米斯特拉尔

诲人不倦的主啊，请原谅我从事教育；原谅我僭用教师的称号，因为这称号你在人间用过。

请赐给我爱，让我把它全部倾注在我的学校；连炽热的美一刻也不能夺去我对学校的情意。

导师，让我的热情经久不衰，让我的绝望成为过眼云烟。斤斤计较这种不纯的愿望仍然扰乱我的心灵，受到伤害时，我仍会产生卑劣的不满心情，这一切请你从我身上消除。别让我为了学生懵懂或者前学后忘而伤心痛苦。

让我比做母亲的更为慈爱，像母亲一般爱护那些不是我亲生的小孩。请你让我的女学生成为我完美的诗歌，让我最隽永的旋律深入她心中，有朝一日我的双唇不再歌唱时，她可以替代我。请在我有生之年显示你福音的可

能，以便鞭策我每日每时为它战斗。

笼罩在你身边的赤脚孩子头上的光辉带给我的平民学校。

尽管我是个穷苦的女人，无依无靠，但让我坚强起来，让我蔑视一切不纯的权力，蔑视除了你强烈的意志以外的对我生活的一切压力。

上帝，陪伴我！支持我！有许多时候，除了你以外，谁都不在我身边。我的教诲越是纯洁，我的真理越是炽烈，世俗的人越是不跟我在一起；你最了解孤苦无告的人，那时候，请你把我紧搂在你胸前。我从你眼里看到甜美的赞许，我就心满意足，别无他求。

给我朴质，给我深度；让我每天教学时避免平淡繁琐。

让我每天昂起头来到学校，把心灵的创伤忘掉。让我工作时抛开个人物质的追求和庸俗的苦恼。

让我的手在惩罚时变得轻纤，在爱抚时更加温柔。别申斥我，因为我爱之深才责之严。

让我的砖土学校有崇高的精神。让我热情的火焰去温暖它寒酸的门廊和简陋的教室。让我的心意和善良的愿望使它比富有的学校更为富丽堂皇。

最后，请你从委拉斯开兹[①]的画布上抬起苍白的面庞，提醒我，在世上教学和热爱就是两肋带着朗其诺斯的矛伤[②]，直到生命的最后一息。

3. 心怀榜样，让我们的心中一直有太阳

假如生活中没有我们敬重的榜样，那将是一种最深的绝望。榜样的存在，就像太阳的存在一样让人看到希望。对于教师而言，一个道德榜样的存

---

① 委拉斯开兹（1599—1660）：西班牙画家，以宫廷人物肖像画著称，也有神话与宗教题材的作品。
② 朗其诺斯的矛伤：朗其诺斯是《圣经》故事中耶稣被钉在十字架时用长矛猛刺耶稣的罗马士兵。

在能让他知道方向在哪里，能让他有信心面对职业生活中的各种不如意。很多教师之所以会成为好老师，就是因为他们心中珍藏着关于好老师的样子或影子——这些令人敬仰的存在，召唤着教师朝着理想的方向前行。而这样的教师榜样最令人仰视的，往往是其道德品质和精神境界。很多人选择当老师就是想着能像自己的老师那样当老师，那样严谨认真，那样善良宽容，那样爱生如子。吴非先生曾写过一篇名为《凝望前辈站立的姿态》的文章。文章写到了他和同学们一起为大学老师立像时所产生的思考。

铜像揭幕那天，在春雨中，凝望两位先生的清癯的容颜，我抑制不住内心的激动。百余名当年的毕业生齐声诵读纪念碑文："在那个春天走近你们，我们的生命有了春天；凝望你们站立的姿态，我们的灵魂从此站立。岁月，雕刻了你们的容颜，铸成我们心灵上的诗篇……"

教师应当有自己的生命追求，而处在一个伟大的时代，更应当有不同于一般的职业精神。我也算得到过前辈教师的教诲，那些在清贫与平凡的生活中教过我的老师们，在我的心灵种下了理想。教育是理想的职业。教育为民族的未来培养人，教育要培养人的尊严，所以教师不能没有理想；教育的最终目的是为了让社会保持文明与进步，教育者当然要有理想！教育本身就是美好的，她呼唤人的理性追求，她要铸就美丽的人格，因而教师必须是理想主义者。可是，究竟从何时起，"理想主义者"竟然成了一句挖苦人的话了呢？凝望过去的教师们的背影，反思我们今天的教育，我的心是沉重的。

一个时代过去了，杏坛上留下无数平凡的身影，我仿佛仍然看到他们弹拨生命的歌弦，为一代代学子研出生路。他们的姓名永远活在一批人的生命里，也镌刻在教育的史册上。作为教师，我们将以什么样的姿态站立在讲台，我将给自己的学生留下什么样的记忆。——我想，如果我能这样去思考，去工作，至少，我将站得比现在高。

4.学会反思，让我们行走在正确的路上

在成为一个好老师的过程中，教师所面临的一个始终伴其左右的问题就是何为"好"、何为"坏"。这是一个没有标准答案的问题，需要教师运用自己的经验、智慧进行判断和选择，而这其中最重要的就是教师要不断对自己的行为进行道德层面的反思，反思其合理性，反思其对学生的教育影响。虽然这种反思也许会因为时代和环境的局限、因为个人身份和角色的局限而难以达到完美无缺，但是只要保持反思的习惯，就可以尽可能地减少教育中的失误和遗憾，减少教育中的伤害和侵犯。作家莫言在《当众人哭时，应当允许有人不哭》一文中，回忆了自己的小学时代发生的一件令自己懊悔的事，他是站在作家的角度反思的，但是对我们每个教师而言却有直接的启示意义。我们很多时候应该对惯常的行为和做法进行根本性的反思。

新年的时候，我回故乡去看父亲。父亲告诉我，我的一个小学同学跳到冰冷的河里救一头小猪，自己却被淹死了。这个同学的死让我感到十分难过，因为我曾伤害过他。

那是1964年春天，学校组织我们去公社驻地参观阶级教育展览馆。一进展览馆，一个同学就带头号哭，随后，所有的同学都跟着大放悲声。有的同学跺着脚哭，有的同学拍着胸膛哭。我哭出了眼泪，舍不得擦掉，希望老师能够看到。在这个过程中，我偶一回头，看到我的那位同学瞪着大眼睛，不哭，而是用一种冷冷的目光在观察着我们。当时，我感到十分愤怒：大家都泪流满面，哭声震天，他为什么不流泪也不出声呢？

参观回来后，我把这个同学的表现向老师做了汇报。老师召开班会，对这个同学展开批评："你为什么不哭？你的阶级感情到哪里去了？你如果出身

于地主或富农家庭，不哭还可以理解，但你出身于贫农家庭啊！"任我们怎么质问，这位同学始终一言不发。过了不久，这位同学就退学了。

后来我一直为自己的这次告密行为感到愧疚，并向老师表达了这种愧疚。老师说，来反映这件事的，起码有二十个同学，因此这种行为不能算告密，而是一种觉悟。老师还说，其实，有好多同学也哭不出来，他们偷偷地将唾沫抹在脸上冒充眼泪。

我想说，这个不哭的人就是作家要寻找的人物原型。就像我在小说《生死疲劳》里所描写的那个单干户蓝脸一样，当所有的人都加入了人民公社时，只有他坚持单干，任何威逼、利诱、肉体摧残、精神折磨都不能改变他。这两个人物——不哭的人和单干的人，都处在政治的包围之中，但他们战胜了政治包围，也战胜了那些骂他们、打他们、往他们脸上吐唾沫的人。

文学可以告诉人们的很多，我想通过我的作品告诉读者：当众人都哭时，应该允许有人不哭。

"当众人都哭时，应该允许有人不哭"，这样的反思无疑是深刻的，触及人性的本质。教师应该像作家莫言一样去反思自身行为的正当性，在持续的反思中进一步提升道德敏感，在道德上更加谨慎，更懂得敬畏和尊重学生。

5. 修养心性，让我们的心淡然纯净

以伦理的方式行动不总是一个简单的任务：它是一个过程，而不是一个结果，并且，在很多方面，是一个终身学习的历程。[①]

---

① ［加］伊丽莎白·坎普贝尔.伦理型教师［M］.王凯，杜芳芳，译.上海：华东师范大学出版社，2011：162.

"身是菩提树，心如明镜台。时时勤拂拭，勿使惹尘埃。"教师成为真正的"好老师"的过程，类似于修身养性、用心朝拜的过程，因为他在从事一项神圣的事业，需要对自我的内心勤于检视、用心充盈。"优秀教师应当是一盏不灭的灯，而那'开关'就在他自己的手里。他的'亮度'在于他个人的修炼；如果他有'电源'，或是不断充电，他就能一直发光，一直在照耀着学生面前的道路；教师的进德修业应当一直到教育生命的终止。"① 因为，教师作为影响学生的"那盏灯"，"你亮一点，他就能走得远一点；如果你过于暗淡，他可能不得不徘徊"。因此，教师的自我修养和提升就不再是自己可有可无的选择，而是一种基于责任的必须。也就是说，教师必须明确地意识到，"一个人一贫如洗，对别人绝不可能慷慨解囊。凡是不能自我发展、自我培养和自我教育的人，同样也不能发展、培养和教育别人。教师只有诚心诚意地自我教育，才能诚心诚意地去教育学生。"②

正是因为这样的原因，第斯多惠才会谆谆教诲教师，"我们绝不可能脱离自我教育这一崇高而伟大的任务，没有一种目的比整个人类和教师的自我培养与自我完善的目的更为崇高了。"③ 所以，以有涯之人生，求无涯之知识、求无涯之成长就成为教师的必修课，或者说与职业生涯相伴而生的使命。

---

① ② ③［德］第斯多惠.德国教师培养指南［M］.袁一安，译.北京：人民教育出版社，2001：24，24，29.

专题二　老师心中的那杆秤————

——小学教师的公正

公正的力量

草房子（片段）

曹文轩

油麻地小学要参加学区的会操比赛，一向重视名誉的桑乔校长盯得很紧，并且对班主任们提出了强硬的要求，"这次会操，油麻地小学必须拿第一，哪个班出了问题，哪个班的班主任负责！"

会操的头一天，秃鹤的班主任蒋一轮把他叫到办公室，说："你明天上午就在教室里待着。"秃鹤问："明天上午不是会操吗？"

"你就把地好好扫扫，地太脏了。"

"不，我要参加会操。"

"会操人够了。"

"会操不是每个人都参加的吗？"

"说了，你明天就在教室里待着。"

"为什么？"

蒋一轮用眼睛瞥了一下秃鹤的头。

秃鹤低下头朝办公室外边走。在将要走出办公室时，他用脚将门"咚"的一声踢了一下。

在第二天的会操表演中，秃鹤先是坐在校长们坐的主席台上吸引参加会

操的学生的眼球，然后，被班主任蒋一轮叫下来。

蒋一轮拍了一下秃鹤的肩膀："走，跟我回教室。"

秃鹤坚决不让步："不，我要参加会操。"

"你也要参加会操？"蒋一轮不自觉地在喉咙里笑了一声。

这一声笑刺痛了秃鹤，使秃鹤变得很怪，他站起来，走到台口去，朝下面的同学龇着牙傻笑。

无奈之下的蒋一轮只好答应秃鹤参加比赛。可是在比赛过程中，秃鹤却用自己光秃秃的头在整齐的队伍中出尽了洋相。

秃鹤以他特有的方式，报复了人们对他的轻慢与侮辱。

当春节汇演来临，因为秃头连长这一角色没人演而使剧本面临被取消的困难，此时的秃鹤，鼓起勇气毛遂自荐。校长和老师没有因为他上一次的捣乱而对他持有偏见，而是选择了信任，给予他机会。秃鹤没有辜负老师，用自己绝佳的表演为学校赢得了光荣。当人们沉浸在成功的喜悦中时，秃鹤却默默地离开欢庆的人群，独自在月色下的河边悄悄哭泣。小小的少年，经历了前后的跌宕起伏，内心的伤痛独自舔舐，那份用心赢得的尊严的珍贵，只有自己能够体会。

在这个故事中，小学生秃鹤在会操比赛中是作为"魔鬼"出现的，而在之后的春节汇演中，他却因自己的出色表演而成为了英雄。同样一个孩子，在两次活动中却判若两人，最重要的原因就是老师公正与否。老师的不公，可以让秃鹤变成无所顾忌的"魔鬼"，让整个世界变得混乱；而教师的信任，则可以让秃鹤成为令人敬重的英雄，让世界为之惊叹。这就是教师公正的力量，它能够对敏感而自尊的心灵产生生杀予夺的影响。

老师，是什么令您难以公正

教师身处于复杂的教育环境中，公正的实现困难重重。

1.感性的偏好，令老师偏离公正的轨道

人是一种感性的动物，无法超越感性的偏好。人们总是会在不经意间受到感性偏好的影响，而偏离公正的轨道。教师面对一个班级的几十名学生，常常会本能地喜欢一些学生，而不喜欢另一些学生。很多时候，连教师自己都无法说清楚其中的缘由。在一次公开课上，女教师提问了一个男生四次，原因就是她觉得小男孩非常可爱，总是不自觉地被他吸引。

在学校生活中，教师往往由于感性偏好的影响，而会在以下一些情形中有失公正。

由于性别偏好的影响，经常会发生教师偏向男生或者女生的情况。例如男女生发生了打架等冲突，班主任往往觉得女生受了男生的欺负，而批评男生，而事实上可能是由女生挑起事端的。

由于体型胖瘦的偏好，一些教师对体型较胖的学生会产生歧视，在课堂上讥讽嘲笑，或在一些活动中有不公平的对待。例如，一位高年级女生由于体型较胖，在课堂上回答不出问题，老师就讽刺她"像猪一样蠢"；上体育

课跑不快，教师就说她"跟熊一样笨"。在这样的不公正对待中，这位女生不堪忍受而选择了退学。在偏见的左右下，教师的行为偏离了正轨，不顾及学生的感受，给学生造成伤害。

2. 文化的偏见，令老师"心偏"

教师的不公正往往是由文化中若隐若现的偏见造成的。这些文化中的偏见可能是主流文化中的，也可能是非主流文化中的。这些偏见几乎以一种无意识的方式存在，令教师"不知不觉"。"黑色的是丑陋的"、"贫穷的是卑贱的"、"肥胖的是愚蠢的"、"学习成绩差的是品质恶劣的"……种种偏见，以"习以为常"的方式存在着，以至于老师们往往对自己头脑中的偏见没有任何觉知，这正是偏见的可怕之处。

南非政治领袖曼德拉曾经说过这样一段话："没有人生来就因为皮肤颜色、出生地或宗教信仰去恨另一个人。恨需要学习，既然人们能够学会恨，那么同样可以教会他们爱。爱比恨更容易走进人类的内心。"这里的恨是因为偏见的习得。曾经听到孩子们用"我们班的'坏学生'"来称呼那些学习差的同学。他们事实上并不坏，只是学习成绩不好而已。可是，从老师对他们"厌恶"的眼神中、鄙夷的口气中，孩子们形成了"坏"的概念，"好学生"与"坏学生"之间形成了一堵墙。谁是这堵墙的建造者呢？而这堵墙的阻隔所形成的"恨"，将会带给未来什么呢？生活于其中的未来公民，会从小形成种种偏见，整个社会的公正和民主，会因之而遇到困难。

3. 利益的权衡，令老师难以作出公正的取舍

趋利避害是人之本性，教师也概莫能外。教师的不公正，往往是因为教师从自身的利益出发，在利害权衡之后，将学生的情感和权益弃之一旁。在现实的教育中，一些教师为了提高各项成绩的比率，如优秀率、升学率等，而在考试前劝退学生，使他们失去参加考试的机会；一些教师为了在公开课中取得满意的上课效果，先在班里挑选一部分好学生，而丝毫不顾忌这样的挑选过程对学生的伤害；一些教师为了歌咏比赛的效果，让学生站成一排，挑选他认为长得好看的学生上场，每个学生都战战兢兢地等待着老师对自己"好看难看"的"宣判"，这种复杂敏感的体验往往是教师根本顾及不到的。这些情况表现形式不同，但是在本质上都是一样的，教师将自身的利益放在了首要考虑的位置上，而在一定程度上牺牲了学生的利益。公正在根本上涉及教师的价值排序，而价值排序是基于利益的取舍。教师的有失公允，是因为教师难以在关键时刻摆脱一己之私，去追求一种公正的境界。

4. 权威的压力，令教师失去对公正的坚持

教师的不公正，很多时候是因为处于一种行政权力的架构之中，公正与否无法完全由自己决定。面对权威的压迫性力量，教师往往缺乏坚持或斗争的勇气，或者说，即使是坚持和斗争也会因为缺乏权力的支撑而归于无助。面对权威的压制，教师会有两种选择，一种选择是坚持公正，对抗权威，这往往使教师自己处于风险之中；另外一种选择是顺从和妥协，明哲保身，但求无过。

由于权威压制而产生的不公正是制度性的，考验着教师的良知和勇气。

在台湾电影《鲁冰花》中，美术老师郭云天发现家境贫苦的古阿明具有绘画天赋，决定推荐他参加县里的比赛，可是校长却要推荐乡长的儿子参加。在冲突中，校长提议民主投票决定参加比赛的人选。虽然形式上是民主的，但是实质上，大多数老师迫于校长的权威和压力，投了乡长儿子的票。最终，古阿明失去了参加比赛的机会。受到不公正对待的孩子，哭着跑回家里，撕掉了贴在墙上的所有的画。郭云天老师也因为这件事情得罪了校长，而被迫选择离开。教师想要坚持公正是艰难的，需要面对很多外在的制约和内在的冲突，并且很多时候面临着丢掉饭碗的现实代价。然而，即使失败了，教师的公正也是有意义的。对于小学生而言，教师几乎代表着整个成人世界，孩子们是通过教师了解和认识成人世界的。教师的不公正会令孩子们对整个成人世界失望甚至绝望。教师的不公正所产生的不是成人与成人之间个人化的影响，而是一种儿童世界与整个成人世界之间的影响，其结果往往是可怕的。

公正：为心灵安宁，也为未来公民

公正几乎是一种永恒的美德，古圣先贤对公正的内涵给出了很多智慧的解释。

亚里士多德认为，"在各种德性中，人们认为公正是最主要的，它比星辰更加令人惊奇。"[①] 在亚里士多德看来，公正是"完美的美德"，因为"任何价值都以公正为前提，任何人性都要求公正"。所以，康德说，如果正义消失了，人生活在地球上这一现象，就变成了一件没有意义的事。亚里士多德用最简洁的方式表达了公正的内涵，"只拿自己那一份好处，承受自己那一份辛苦。"也就是说，公正在本质上是调整各种利益关系，使每个人都得到同等对待的秩序或法则。这种法则不应因任何理由而妥协或改变，否则会失去自身。"出于爱而不公正，也是不公正的——这样的爱也就只能是照顾和偏袒。为了自己的幸福或人类的幸福而不公正也是不公正的——这样的幸福也只能是自私或安逸。正义是这样一种东西，没有它，价值即不再成为价值，或变得一文不值。"[②]

在教育生活中，教师的公正往往集中表现为资源分配的公正和关系调整

---

① [希] 亚里士多德. 尼各马可伦理学 [M]. 廖申白，译. 北京：商务印书馆，2008：94.

② [法] 安德烈·孔特－斯蓬维尔. 小爱大德——美德浅论 [M]. 赵克非，译. 北京：作家出版社，2013：58.

的公正。资源分配的公正是最为敏感的。因为教育资源是有限的，对有限资源的竞争就使得公正成为众人瞩目的敏感问题。教师的关心和关注、课堂表现的机会，以及教师手中掌握的"班干部"、"三好生"、"好座位"等等资源的分配都会关涉到公正，影响到学生的利益和成长。这就需要教师排除各种因素的影响，遵循公平的原则。

关系调整的公正是最为复杂的，涉及学生之间的关系、学生和老师之间的关系、老师和家长之间的关系等等。例如，学习成绩好的学生和学习成绩差的学生打架了，一些教师往往重罚学习成绩差的学生而轻责学习成绩好的学生；一些教师对班干部的话偏听偏信，导致对普通同学的冤枉和误解等，不但伤害一般同学的感情，还会使班干部受到同学的孤立；当学生和科任老师发生冲突时，班主任往往不问青红皂白就处罚学生，而事实也许是科任老师的行为方式不当。凡此种种都体现出教师在关系处理方面需要力求公正。

1. 公正，为了内心深处的那份安宁

言行的公正，可以使教师获得内心的平静与安宁，拥有道德上的自信与从容。当教师不能公正对待学生时，也许他都无法正视学生的眼睛。当教师不能公正处事时，也许没有别人的苛责，可是自己的内心将会忐忑不安。失去了公正，就会失去那份傲岸挺立的坦荡，那份心底无私的坦然。而这种源于内心的不安，如影随形，难以摆脱。因为，"当一个人不能在自身中找到安宁时，在其他地方寻找也是枉然"。①

---

① [法] 拉罗什福科. 道德箴言录 [M]. 何怀宏，译. 北京：生活·读书·新知三联书店，2004：14.

撕心裂肺的伤痛

政教处主任向毕业班的班主任们宣布：各班预定"三好学生"候选人两名，最后确定一名，中考成绩上加 10 分，各班一定严格评选，力求公平、公正、公开。

严老师手里紧紧攥着候选人表格，似乎攥着几个学生的前途和命运。选谁呢？严老师边走边想，两个名字渐渐清晰——张波和苏静伊。张波是班长，成绩年级前三名，校运会跳远冠军，为人宽宏大度，热情周到，在同学们中威信极高，是老师的得力助手，他一定能高票当选。苏静伊是语文课代表，成绩年级前五名，活泼开朗，多才多艺，曾在市演讲比赛中获一等奖，男生女生都佩服她，深受老师们喜爱。可以说，这是众望所归的两个候选人！

可是，赵老师的孩子赵羽怎么办？赵老师曾经暗示过。现在还考虑他吗？严老师又想，反正赵老师也没明说，不要因为人情面子委屈了更好的孩子。再说学校要求一定要走正规程序，把最优秀的学生选出来。想到这里，严老师主意已定，脚下的步子轻快了起来。

一推门，赵老师已经在办公室等他了！"我跟主任说过了，你就直接填吧。"赵老师轻轻松松地说。严老师半天挤出一句："得和其他老师商量一下。""也行。不过我都问过了，他们都同意。"赵老师有些不耐烦了。"那我考虑考虑。"严老师想尽力将天平的指针指向零。赵羽差得太远了！严老师想对赵老师说，应该让孩子追求真正属于自己的那份东西，这对孩子的成长有利。于是试探地说："赵老师，你别看得太重——""同事一场，这点面子你都不给，成不成就看你了！加上 10 分，他就能考上高中，不加就可能考不上。再说那些学习好的学生不需要。"赵老师毫不客气地说。

严老师也在努力说服自己，是啊，赵羽也是我的学生，而且很可能在录取线的边缘，多考走一个，我不也很光彩吗？还是给他一个机会吧。可是把赵羽定为候选人，苏静伊就没希望了。没关系，苏静伊竞争不过张波，推荐上去也会淘汰。推荐赵羽，既给了同事面子，对张波也没有影响，两全其美。于是，严老师怀着对苏静伊的愧疚在表格上填下了张波和赵羽的名字。赵老师接着说："张波已经有了体育加分，又不累计加分，给了他等于浪费。"这倒是实情。既然到了这个地步，就把人情送到底吧。课间，严老师把张波叫到面前："你有了体育加分，这次的'三好学生'，让给别的同学吧。"张波爽快地答应了。

班级选举前，严老师说："必须在两名候选人中产生，不得另选。"他顿了顿，又含糊说道："张波放弃了。大家可以考虑另一名同学。"投票开始了，有些孩子的脸上出现了疑惑的表情，有人小声说："怎么没有苏静伊？"有人回答说："不知道，乱填吧。管他呢！"

选票交了上来，全班44人，赵羽36票，张波8票，赵羽"堂堂正正"地当选了！严老师宣布了结果，却没有以往的掌声。孩子们一个个木然地坐着，看着台上的班主任，教室里弥漫着灰暗压抑的气息。严老师感到异常难过，不敢再看同学们的眼睛，匆匆离开了教室。

赵老师来问了结果，高兴地说："等我儿子考上高中，我请客！"严老师心里却流下了愧疚悔恨的泪水，他骂自己：你怎么能把评选当作自己的私有权利。要知道，为了升学率，为了同事的情分，你失去的不仅仅是良心，还蒙蔽了孩子纯净的心灵啊！严老师一向心态平和，睡眠很好，不管多么忙碌劳累，头一沾枕头就进入梦乡。而这天夜里，他失眠了。第二天早上他向校长提交了一份不再担任班主任的申请书。

（杨兵、张万祥根据李秀荣《教育有悔》一书中同题文章改写）

2.公正，为了给学生一个挺拔的背影

教师的公正具有教育价值，学生是看着老师的背影来确立自己的道德准则的。教师公正能为学生的学校生活涂上明亮的基调，让学生能够充满信任与希望地展开自己的学校生活，并且形成自己的价值观念和行为方式。教师公正对儿童世界的影响，

> 心理学上的"原信任"——对教育而言最重要，因为若一个人印象中的世界是美好的，也就能更轻松地对待不美好的事物。
>
> ——［美］约翰·霍特

在范围上具有强烈的扩散性，在时间上具有深远的未来持续性。教师公正，儿童的世界就温暖光明；教师不公正，儿童的世界就灰暗阴冷。他们是靠着对成人世界的道德信任才能够充满希望地走向未来生活的。

小学时学校组织排练文艺节目，要从我们班里挑选跳舞的同学，虽然当时我被选上了，现在细想却让我思考很多。

当时，主任去我们班里选人时说："今天从你们班里选人，一看外貌就知道选谁了。"

我听到这句话时，心里也很忐忑，生怕自己没被选出去而丢面子。但是，没过几个，我也被选出去了，这时心里才松了口气，然而那些没有被选出去的同学，心里肯定不是滋味，这不明显是对外貌的歧视吗？难道外貌不好看的同学就表演不出好看的节目吗？为什么从小就要让我们被这种不公正的对待污染？

与之形成对比的是另外一位老师。在我的眼中他一直很忙，甚至吃饭

的时间我看他还在为学生补课。在他的眼中没有坏学生，只有需要补课的学生。他从不会因成绩的好坏而批评学生，而是积极利用自己的余暇时间为成绩不好的学生补课。这位老师一直令我敬佩，他用奉献诠释了公正。因为他的眼中只有奉献，没有偏见。只有平等，没有鄙视。[①]

3. 公正，为了培育能够心怀公正的公民

　　教师会受到社会的影响，没有社会的公正，教师的公正实现起来会困难重重。但是，在最基本的意义上，没有教师的公正就很难有社会的公正。只有教师培养出一个个具有公正品质的公民，才能组成一个人人以公正行事的社会。"学校即社会"，只有每一个儿童在学校生活中被老师公正地对待，他们从老师身上学到了如何公正地对待别人，将来才有可能成为构建公正社会的合格公民。与之相反，倘若他们从小就看到了种种偏见与不公，从小就感受到了人与人之间的高低贵贱之分，那么，不公正的思想就会在他们的头脑中生根，长大成人的他们，就会用不公正的方式去思考问题，去对待他人——他们会复制学校生活中的观念体系和行为方式。因此，教师的公正对于整个社会公正的实现，具有重要的基础性价值。一个公正社会的形成需要每一个教师为每一个孩子构建公正的学校生活，否则，一个公正社会的形成就会遥不可及。

---

① 摘选自学生的课堂作业。

道不远人——追求并实现公正

1.摆脱偏见，欣然凝望每一个学生

"近佛者可为师"。在佛的眼中，众生平等，无论达官贵人还是农夫乞丐都是一样的，每个人都值得他微笑仁慈、欣然宽厚地注视。对于教师而言，想要实现公正，就需要谦卑地审视自己头脑中的偏见，不因成绩、贫富、美丑、性别等等因素而对学生区别对待。学生在客观上存在差异，但教师却要在自己的主观精神世界里，都把他们看成可爱可教的天使，这需要教师巨大的道德努力。

"学习好的孩子，就什么都好；学习差的孩子，就什么都差。"对于这样一种因为学习成绩而产生的偏见，很多老师也许会否认，认为自己不会有这样的偏见。事实上，很多现实的案例证明了教师因为过度重视学习成绩，而在不知不觉之中形成了心理学中的晕轮效应——将学习上的好与坏泛化在学生的各个方面，从而形成近乎可怕的偏见。因此教师需要时时提醒自己，反省我们言行背后的观念是否偏狭、有失公正。正如斯宾诺莎所言，"正义是一种常备不懈的精神状态，时时刻刻想把每个人的东西给每个人。"[①] 公正的

---

① ［法］安德烈·孔特－斯蓬维尔.小爱大德——美德浅论［M］.赵克非，译.北京：作家出版社，2013：70.

实现需要教师将自己的言行，置于严密的自我监督与反思之下，对自己实行一种道德上的苛责，只有如此，才能在坚持不懈的自我要求中逼近公正，让更多的孩子享受到自己的公正带来的幸福和温暖。

2.摈弃特权，让公正成为孩子们真实的心境

公正意味着每个人所拥有的权利和义务是平等的。因此，特权思维以及特权的存在就是对公正最根本的破坏。随着整个社会环境的变化，特权思想对教育的影响也日益严重。由金钱、权力、关系亲疏所形成的教育中的特权思维是影响教师公正的重要原因，也是一个非常可怕的原因。"学生从进入学校的那一刻起就是不平等的"，"择校生"、"关系生"、"官员子弟"、"教师子女"等等划分出了学生的不同身份，身份的不同意味着权利的不同。而这种不同，以不同的具体方式体现在教育之中，就会让学生们感觉到不公正的环境所带来的困惑和压力，甚至是愤慨和失望。

上小学的时候，我们班有一个学生是校长的儿子。所有的老师就都巴结他，各科老师都对他特别关心，会在上课的时候专门问他有没有听不懂的地方，下课的时候也会叫他到办公室帮助解决问题。各科老师还会在周末去他家给他补课，并且是每科老师给他轮流补。

不仅在学习方面，其他方面也是。上计算机课时，我们学校规定每人必须穿脚套，防止把机房的地板踩脏。有一次我忘记了带，老师就不让我进去，而那个男孩也忘记了带，但是老师就让他进去了。更让我没想到的是，他竟然走到我身边对我说"你进不去吧，老师不让你进吧"，而且是以那种炫耀的口气，然后大摇大摆地走进机房。

当时我特别生气，心里就想这个老师怎么这么不公正呢，凭什么因为他

是校长的儿子，就可以这样呢？我本来挺喜欢计算机老师的，但因为这件事就对他有了看法，再上计算机课就感觉有一种东西好像变了。[①]

因受特权左右而失去公正的老师，会制造一个不公平的教育过程，这比课堂上的郑重灌输对学生的影响更大。享受特权的人未必能够从中受益，或者还可能深受其害。一位小学老师谈到，在她所任教的小学，本校老师的孩子是会享受一些特权的，比如说可以给班主任打电话少写作业、当班干部优先等。她已经习以为常了，可是当她来到外地培训的时候，儿子打电话给她，说这几天不想写作业了，让她给班主任打个电话说一声。此时，她才意识到这种特权的存在对儿子产生了怎样的影响。因此，对于教师而言，摆脱特权思维首先需要从自我反思开始，反思身边习以为常的做法和习惯，反思这样的做法和习惯产生的影响，从而在意识的深层形成公正意识，突破惯性思维，为公正行为的形成奠定思想基础。

3.超越诱惑，在淡泊中享用教育之纯净

教师能否做到公正，在很大程度上取决于教师能否超越利益的诱惑，在严格自律中保持那份淡泊。教师职业本来是清贫的，但是在市场经济下，人人都想通过金钱来证明自己，教师也加入了这样的行列。如果经由学生以获取金钱，那么无疑会影响教师日常教育工作态度和方式，从而造成不公正。在教育现实中，一些教师会以开办课外辅导班和收取家长财物的方式来获利。当利益的考量进入教育过程，教师的言行选择都会受到影响。有些教师对有钱上辅导班的孩子笑脸相迎，而对没有钱上辅导班的孩子则百般刁难。因此，教师想要实现教育过程的公正，就需要正确面对金钱的诱惑，不让金

---

① 本案例选自学生的课堂作业。

钱扭曲和改变自己的态度和行为，而以光明磊落的人格进入教育过程，进入学生的心灵。

利益的诱惑除了表现为对金钱的追逐，还隐性表现为对荣誉、成绩等的过度追求。追求荣誉和成绩等等，是教师积极进取的品质表现，应该得到认可和鼓励。然而，当这些追求变本加厉，当这些与利益相关的追求与学生的利益发生冲突，教师行为的公正性就会面临突出的伦理问题。在曹文轩小说《草房子》中，校长和老师为了学校的荣誉而剥夺秃鹤参加会操比赛的资格，就是因为对荣誉过度看重。一些教师在对学生成绩提高的潜力进行分析之后，会根据投入产出的算计而作出判断和选择，需要在哪些学生身上投入、需要在哪些学生身上放弃就会成为教师"明智"衡量之后的决定。这样的决定往往意味着剥夺"差生"得到应有的教育关注和教育资源的机会，是不公平的。我们往往会以冠冕堂皇的理由伤害了学生幼小的心灵以及对这个世界的信任和信心。所以，对于教师而言，在利益抉择面前保持公正之心是非常重要的。

> 正义、仁慈和富有关怀的学校的存在取决于每一位教师变得正义、仁慈和关怀。道德责任的义务落在每一位教师身上。
>
> ——［加］伊丽莎白·坎普贝尔

4. 正视自我，在反思中逼近公正

由于人性的局限，绝对公正几乎难以达成。因此，教师需要正视和接纳我们作为普通人的局限，真实地面对自己。教师对自己的不诚实表现在不能接纳自己作为普通人的缺陷，而强求自己成为学生心目中的"完人"，在此

过程中恰恰形成了孩子们最不喜欢的虚伪。美国教育学者约翰·霍特坦率地谈到了这个问题。"与其他老师讨论到这个问题时，我曾经说过我会对班上的某些孩子更加偏爱。虽然我没有明说是哪些孩子，但我向孩子们坦承过这一点，事实上你不说孩子们也是知道的。当然，那些老师听了都很惊骇。有位老师说：'这种话太可怕了！我对每个学生都一样喜爱。'这实在是自欺欺人的说法。"[①] 因此，对于教师而言，对做不到绝对公正的诚实是首要的伦理品质。

在实际的教育生活中，教师存在着两种不同的公正：力所能及的公正和力所不能及的公正。对于那些力所能及的公正，我们要竭尽全力；对于那些现在看来可能力所不能及的公正，我们则要在不断地自我提升和发展中逼近。之所以会存在力所不能及的公正，是由于教师作为普通人也会有自己的偏爱，也会有自己的偏见，也会有自己知识和智慧上的欠缺，因此在很多情境下难以做到绝对的公正。这就需要教师克服人性的本能，朝着专业伦理所需要的超越性的方向前进。

公正的反面是不公正。很多时候，需要从相反的视角来完整地说明公正。公正并非能够轻易实现，不公正往往是客观的社会存在。根据教师主体意识状态的不同，不公正可以分为有意不公正和无意不公正。有些不公正现象的发生是教师有意为之的，他明确地知道这样做不公正，但是基于利益的权衡以及受各种外在力量的压力，而选择了不公正；有些不公正现象的发生则是教师无意为之的，他在主观上并没有意识到自己的行为是不公正的，而学生却感受到了不公正。后一种情况往往体现出人在知识、能力以及智慧等方面的局限性。因此，公正的实现是对教师全方面素质和能力的挑战，需要

---

① ［美］约翰·霍特.孩子为何失败［M］.张惠卿，译.北京：首都师范大学出版社，2010：136.

教师付出巨大的努力并不断成长和完善。例如，教师在接受家长送礼的情况下调整学生的座位，对其他学生就是不公正的，这种情况就是有意的不公正。教师在刚刚接手一个班的时候，很快记住了一些学生的名字，而没有记住另外一些学生的名字，这种情况下一些学生就会感觉到不公正，这种不公正是教师无意识当中发生的，需要教师对学生有更多的关注，更加注重在一些细节上完善自己的行为。

此外，无意不公正还与教师的教育观念和评价标准等有关。公正的实现需要调整内在的观念意识，才能使教师在实现公正的道路上走得更远。例如，有的学生一开始写字就非常整齐，而有的学生刚开始学写字的时候没有学好，笔画写得歪歪扭扭。为了得到老师在评作业时给的"小红旗"，那个写字歪歪扭扭的孩子很认真地写作业，可是老师只看到了笔画的不规范，而没有看到他付出的努力和上进的态度。孩子连续几天都得不到老师的"小红旗"，于是放弃了努力，认为反正认真也得不上，还不如随便写呢。在这里，老师的评价标准是单一的、刻板的，并且是苏霍姆林斯基所说的"抽象的"。教师的公平需要教师摆脱抽象的评价标准，关注每个孩子在具体情况下的真实努力，给予孩子及时、适宜的认可和评价。这需要教师对学生有更多的爱、观察和了解，需要教师付出更多的时间和心力。因此，教师的公正几乎是教师道德完美的一个境界，虽然达成极为艰难，却值得每个教师守望与登攀。

5.心存仁慈，令公正的实现不缺乏温暖

教师公正的完整实现，还需要仁慈的补充。公正强调所有人的一致性，而事实上教育的对象千差万别，抽象的公正往往会走向公正的反面。这种情

况下就需要教师的仁慈发挥补充作用，使教育的过程更具人性的光辉和温暖。例如，在《小孩不笨》这部新加坡电影中，男孩成才因为打架被学校开除，这是校长公正执行学校规章制度的表现。可是，当成才的爸爸病重，恳求校长接纳这个没学可上的孩子时，校长如果还坚持公正，将成才拒之门外，就会失去挽救成才的机会。此时，在班主任的劝说下，校长答应了成才爸爸的请求，表现出了仁慈的一面。这样的宽容，对于成才而言意味着人生的改变。爱打架的成才把自己的长处发挥在正确的方面，他刻苦训练，在武术比赛中获得冠军，为学校赢得荣誉，为自己的人生赢得了新的契机。

在复杂的教育情境中，公正和仁慈的完美结合，需要教师更多的专业知识和伦理智慧。也就是说，教育情境当中的复杂性以及不同道德原则之间的冲突，使得公正的同时如何兼顾仁慈，成为教师公正行事的巨大挑战。

例如，我常采用违纪处罚来制止学生的不道德行为。但是，我必须非常小心，因为如果你偶尔把它用在一个从来没有受到违纪处罚且认真勤勉的学生身上的时候，一些让人无言的事情发生了，当事人为自己所做的事情感到难为情，如果对他施以违纪处罚，这将是致命的。也许对于其他孩子，你可以说："看，这周你已经第三次犯这个错误了，现在我必须给你父母打电话。"当然，此时这些孩子可能会说："对于同一件事情，为什么我会受到较大的违纪处罚，而你对他却不那样？"接着，家长就会打电话来指责我不能平等地对待学生。但是，如果我们承认学生存在个性差异，那么就能理解：对于一些孩子来说，微小的违纪处理就像世界末日的来临，而对于其他的孩子，他们却需要这些惩罚。

在真实的教育过程中，没有抽象的公正，只有具体的适宜的教育。只要符合教育的初衷和目的，教师可以更加灵活地选择自己的伦理原则，最终达成几近完美的教育。

专题三　师者仁心————

——小学教师的仁慈

"老师，请不要说出我的秘密"

羞 愧

［美］迪克·格莱格利

那天是星期四。我坐在教室的后面，座位下画着一个粉笔圈。那是一个傻瓜的位子，一个捣蛋鬼的位子。

老师觉得我很笨：不会拼写，不会阅读，不会做算术。一句话——笨。老师们从没有兴趣去了解你不能集中思想是因为你那么饿，因为你从来吃不上早饭。你只惦记着中午，希望它快快来临。也许你能偷偷到衣帽间去，从别人外套口袋里偷一点其他孩子的午饭。反正要偷些什么，譬如糨糊也可以。你不能把糨糊当作一餐，也不能用它夹面包当三明治。但有时我会在房间后面的糨糊罐里舀出几勺糨糊。富有的人真是口味特别，而我则只有贫穷。我有的只是肮脏和让别人闻而侧身的气味；我有的只是寒冷和从来不是为我买的鞋子；我有的只是另外 5 个人和我合睡一床而隔壁房间里并无父亲；我有的只是饥饿。

老师觉得我是个捣蛋鬼。她从教室前面看到的只是一个黑孩子，他在他那个傻瓜座位上坐立不安，吵吵嚷嚷，还要去惹周围的孩子。我想她不会明白那小孩子吵吵是为了想让别人知道，那里还坐着一个他。

那是星期四，是黑人发薪日的前一天。老师正在问学生们，他们的爸爸准备为社区救济金捐多少钱。到星期五，每个孩子都能从父亲那里得到募捐的钱，然后星期一带到学校。那天，我决定给自己买一个爸爸。我的口袋里有些钱，那是我给人擦鞋和卖报挣来的。不管海伦娜①代表她父亲捐多少钱，我都准备超过她。我要把钱直接交上去。我不想等到星期一才给我自己买到一个爸爸。

那时我在发抖，怕得要命。老师打开了她的本子，开始按字母顺序念学生的名字。

"海伦娜·特克尔。"

"我爸说他要捐2元5角。"

"那很好，海伦娜。真是非常、非常好。"

我也觉得非常之好。我不用花太多的钱就会超过她。我口袋里的零角票差不多有3元钱。我把手伸进了口袋，紧紧攥住那些钱，等老师叫我的名字。可是，当她点完了班上所有其他同学的名字之后，就把本子合上了。

我举手站了起来。

"又怎么了？"

"你忘记叫我了。"

她把身子转向黑板：

"我没有时间和你瞎胡闹，理查德。"

"我爸说他要……"

"坐下，理查德，你在扰乱课堂秩序！"

"我爸说他要捐……15元。"

她转过身来，显得非常吃惊："我们是在为你以及和你一样的人在募钱，

---

① 海伦娜是主人公喜欢和在乎的小女孩。

理查德·格莱格利。如果你爸爸能给你 15 元的话，你就不需要救济了。"

"我这就有，我这就有。我爸给了我，让我今天就交。我爸说……"

"我们知道你并没有父亲。"

她边说边直视着我，鼻孔张大，嘴唇变薄，眼睛睁得大大的。

海伦娜·特克尔转过身来，眼里满是泪水。她在为我难过。而此时，我已经对她看得不太清，因为我也哭了。

"坐下，理查德。"

我本来一直以为老师多少还是喜欢我的。她总是在星期五放学后挑我洗黑板。那是很令人激动的，这让我觉得我是重要的。如果我不洗黑板，那么星期一早上同学们就不能照常上课了。

我那天走出了学校，以后很久一段时间我就不太去学校了，那里有我的"羞愧"。

在这个案例中，教师没有用仁爱善良的心去体谅一个失去父亲、贫穷饥饿的小男孩的处境，没有理解孩子谎言背后想要赢得的一份可贵的自尊。教师粗暴而冰冷的话语成为伤心的羞辱，将孩子置于可怕的失去尊严的尴尬难堪之中。这位教师也许永远都自认为正确，认为自己揭穿了一个"捣乱鬼"的谎言。然而，事实上，真相并没有她想象得那么重要，她的行为无可原谅地走向了教育的反面，造成无可挽回的伤害。所有这一切，都是因为她缺少一颗仁爱善良的师者之心，

仁慈是一种柔软的力量。"上善若水"，"至柔者至刚"，恰恰是这样一种力量，最能够触动学生的内心。因为，教师的仁慈是教师那颗"恻隐之心"能够同情和体谅学生内心的感受，能够敏感地知道学生内心的自卑或者羞愧，能够用自己的语言和行动化解学生的尴尬处境，能够不露痕迹地保护学生的自尊。失去柔软的体谅之心，教师的内心就会冰冷而坚硬，学生的喜怒

哀乐都会被漠然视之，对待学生的语言和行为都会简单而粗暴。"我们的工作，就其本身的性质和逻辑来说，就是不断地关心儿童的生活。请你任何时候都不要忘记：你面对的是儿童极易受到伤害的、极其脆弱的心灵，学校里的学习不是毫无热情地把知识从一个头脑里装进另一个头脑里，而是师生之间每时每刻都在进行的心灵的接触。"[1] 这种心灵之间的接触恰恰需要以仁慈为桥梁才能够达成。因此，当教师失去仁慈，儿童的心灵就会受到伤害，教育的德性就会受到伤害。

教师失去仁慈，就失去了"推己及人"的能力，也将无法站在儿童的处境中去理解他们的动机，理解他们的思维，体会他们的感受。轻易出口的讽刺，随意实施的责罚，都是粗暴的伤害。如此，教师也会从一个令学生尊敬的人，变为令学生恐惧的施暴者。教师失去了理解和体谅，就成为学生的对立面，师生关系也将从原本应有的友好亲爱而变得生疏敌对。师生关系基调的转变，将令教育失去最重要的基础。一个失去了仁慈的施暴者，在某种程度上即取消了自己教育者的资格。

教师失去仁慈，会令教育过程沦为粗暴的反教育过程，酿成教育的悲剧和灾难。因为他失去了对更美好教育的追求之心。仁慈往往意味着对世界积极而美好的理解，使人能抱定乐观向上的信念，期待着每一个人都能达到最好人生的状态。而失去了仁慈之心的教师，往往会变得狭隘、平庸、苛刻、消极，处于灰暗的道德情感色彩之中。此时，他看到的他人和世界也将变得灰暗，他对待他人和世界的方式也将变得消沉。这样的教师会纠缠于学生的小小失误，会将学生的无意行为视为故意作对，会对学生的错误夸大其词，会对学生的违纪行为大打出手。失去仁慈的心，往往会令教师武断地处理教育情境

---

[1] ［苏］В·А·苏霍姆林斯基.给教师的建议［M］.杜殿坤，编译.北京：教育科学出版社，1984：315.

中的问题，无情地面对学生的请求，从而使教育过程变质，酿成悲剧。

那件事发生在我上小学五年级的时候。一天，不知谁在黑板上画了一幅语文老师的漫画，漫画上的老师鼓着两只乒乓球一样的金鱼眼，长长的鹰钩鼻一直垂到嘴唇上。语文老师走进教室时，我正站在黑板前看那幅画，一边看一边哈哈大笑，我觉得那张画画得太好玩儿了。

我还在笑时，教室里突然鸦雀无声。转身一看，语文老师正站在我身后，我吓得魂飞魄散，赶紧逃回座位。老师脸色铁青地扫了一眼黑板上的漫画，怒气冲冲地问："这是谁画的？"

教室里仍然鸦雀无声。老师快步走到我面前，一把抓住我的衣领将我从座位上拎起来，厉声说："我就知道是你干的。"

我被这突如其来的袭击吓蒙了，结结巴巴地说："不，不是我。"

他怒不可遏地说："不是你，还会是谁？你还敢狡辩！"说着，他将手臂抡圆了左右开弓地狠狠抽了我两个耳光。打完了，他仍感到不解恨，将我像拎小鸡一样地拎起来，狠狠地扔出教室……

这个故事的后续发展是，老师打电话叫来了家长，家长不听孩子的任何解释，当着老师的面又打了孩子，并要求孩子当面向老师道歉。孩子哭着道歉了，却将愤恨装在了心里。他做了沙袋，将老师的脸画在沙袋上，狠狠打过去，寻找一种发泄的快感。后来，那个孩子开始频繁打架，直到被送到工读学校。因为教师缺乏对学生的包容，一件小事演变为仇恨和创伤，最终演变为一个孩子人生的悲剧。对于师者而言，一颗慈悲仁爱的心是必不可少的，那是他面对学生的道德前提。

是什么令教师的心变硬

1. 功利心对同情心的侵蚀

如同"恻隐之心，人皆有之"一样，理性算计同样是人性的一部分，教师也概莫能外。当成绩成为一级级教育行政部门的逼迫，学生在很多教师眼里也就被抽象为一个个的分数。此时，学生不再是人，而是实现特定目的的工具，教师的仁慈之心也在欲望的诱惑下蒸发，剩下的只有功利性的算计。"把学生作为一个人来对待是一件很困难的事情，要做到这一点，不但需要深刻理解一系列人生观的问题，而且要求教师花费很多精力和时间，因为要做到这一点就不容许漫不经心、肤浅地对待人。尊重每个学生，把每个学生看作一个人，是一件复杂的工作，它需要教师的智慧和良心。"[①] 教育当中需要一种柔软的东西，冰冷和坚硬的教育氛围会失去其应有的力量。现实的功利往往令教师难以把学生作为完整的人对待，同情的心变为冷漠的心，欲望令人心变得坚硬。

---

① ［苏］B·H·契尔那葛卓娃，H·H·契尔那葛卓夫.教师道德［M］.严缘华，盛宗范，译.上海：华东师范大学出版社，1982：108.

2. 成人世界对儿童世界的轻视

在小学阶段，年龄的幼小，一方面使得儿童世界与成人世界的差异巨大，令成人不仅难以真正理解儿童，还往往对儿童形成误解；另一方面，两者之间存在着明显的强与弱的差距，令儿童世界难以和成人世界抗衡，很多时候儿童只能被动承受来自成人世界的对待。在教育过程中，教师代表的是成人世界，而且是以成人世界的权威者的形象出现在学生面前的。教师的自我中心和自以为是，往往使其对儿童不屑一顾，这种傲慢和轻视往往令其失去仁慈和敏感，令儿童受到误解甚至伤害。

法国作家尚贝·戈西尼曾经写过一篇微型小说《送给老师的礼物》，小说讲述了这样一个故事：在老师的生日来临之前，几个小伙伴悄悄地凑钱准备给老师买一个"很棒的生日礼物"。他们绞尽脑汁想着买什么礼物更合适，并且不超过他们凑的5207个法郎。后来，他们费尽周折为老师买了一个彩色泥塑的玩具兵。为了决定由谁把礼物送给老师，几个小伙伴竟然打了起来。最后通过扔硬币的方法决定了送礼物的人选。负责送礼物的克罗戴尔一个晚上都没有睡觉，生怕玩具兵从床头柜上掉下来。第二天，上课了，克罗戴尔把玩具兵放在课桌里，想象着自己给老师献礼物的情形，"老师准会高兴，说不定还要亲亲我呢！老师又要脸红了，因为老师高兴的时候总会脸红，可好看了，差不多就和我妈妈一样好看。"

"克罗戴尔！你又把什么藏在课桌里了？把东西给我！"

克罗戴尔把礼物交给了老师。老师看了一眼玩具兵说："早就告诉过你们，不要把这些讨厌的东西带到学校里来！这个，我没收了，下课以后来拿，等会儿再跟你算账！"

小说的结尾是，孩子们想去玩具店把玩具兵退掉，可是克罗戴尔在玩具店门口摔了一跤，玩具兵碎了。

这个故事场景多么熟悉，几乎每个教室里都会发生类似的教师没收学生东西的事情。老师们很多时候根本不屑知道那个没收的"小玩意儿"对于孩子们意味着什么。这个故事中，破碎的玩具兵隐喻着孩子们破碎的心，老师根本没有给孩子们解释的机会，根本没意识到自己有可能误会孩子了。不少教师在面对儿童的时候自信得近乎狂妄，其实，儿童的世界是一个值得我们敬畏的世界，那个世界单纯得令我们无地自容，善良得令我们泪流无声。可是正是这种高高在上、自以为是地对待儿童的态度令我们变得粗俗而又冷酷，轻易就伤人，轻易就将美好粉碎了。

3. 偏见对正见的遮蔽

教师的仁慈不仅仅是一种单纯的教育情感，教师是否能够仁慈地对待学生还受到其观念意识的影响。教师如何理解儿童、理解教育、理解师生关系，所有这些都会影响到其对待学生的态度。下面这一案例说明了教师的偏见对学生的影响。

一群孩子打了自己同班的一个男生，并从他颈上解下了少先队员的红领巾。那个男孩不让他们解，几乎所有的孩子都打了他，各人手头有什么就用什么打，有人用书包打，有人用脚踢。男孩被打得脑震荡，送进了医院。为什么这样残忍？询问了孩子们以后发现，他们不是把他看作一个人、一个同学，而是看作"差等生"，他们显然是在模仿自己老师的态度。在老师眼里，孩子们不是人，而是"优等生"和"差等生"，"听话的"和"不听话的"。孩子们是这样来解释自己的行为的："波塔波夫不是一个好学生，他整整一学期没有穿过运动服。""他很坏，他会骗人。当然，在我面前他没有骗过谁，但是，差等生总是要欺骗人的。"只有一个学生和别人说法不同："波塔波夫是个好同学。我生病时班里没有一个人来看过我，只有他来过。他从不拒绝帮助别人，他温和，善良。他从来不骗人，他还会保护小孩子……"女教师自己没有发觉波塔波夫的这些品质，也没有教会孩子们看到他的这些品质，他在他们眼里不是一个人，而是"差等生"。①

因为种种偏见，教师将各种标签贴在儿童的身上，偏见令人变成物，师生之间的"人道关系"变成"官僚的、冷漠的关系"。这种偏见冷漠的不仅仅是教师与单个学生之间的关系，还影响着学生集体对待个别学生的态度和方式，从而令这个学生处于一种冷漠的环境之中而倍感绝望。这样的体验对于一个弱小的儿童而言几乎是难以承受的，而结果也往往是灾难性的。这种绝望往往会演变为一种仇恨，而这种仇恨会弥散到整个学校生活甚至整个社会，从而在心中埋下可怕的"反社会"的意识和倾向。

---

① ［苏］В·Н·契尔那葛卓娃，Н·Н·契尔那葛卓夫.教师道德［M］.严缘华，盛宗范，译.上海：华东师范大学出版社，1982：102.

将"仁""慈"的真意放进心里

1. 领悟"仁""慈"

"仁慈"在中文中的含义类似于儒家伦理中的"仁"。就"仁"字的字面结构来看，其表示的是两个人在一起，但并不是指数量上的两个人，而是指由此而发生的人际关系，即以待人之道来互相对待，以待人接物应有的礼貌和情感，表达敬意和亲爱之情。可见，"仁"包含着基本的人际意识和古老的人道主义观念。而"慈"，乃"兹"与"心"之组合，意为"怀他人之心"。

就"仁"的基本内涵来看，包括以下几个方面：

"仁者人也"，这是"仁"最基本的含义。"仁"就是"人"，两者互相规定，以待人之道对待他人，便符合了"仁"德的基本要求。它要求每一个人要把自己当成人，也要把别人当成人，因而可以称为"人的发现"，是一种朴素的人道主义的观念。

"仁者爱人"，这是关于"仁"的概括性表述。这里的"爱"，具体表现为"己所不欲，勿施于人"，"己欲立立人，己欲达达人"。前者是为仁的积极方面，"尽己为人谓之忠"；后者是为仁的消极方面，"推己及人谓之恕"。两者合起来，便是"忠恕之道"，这是把"仁"付诸实施的途径，也就是所谓的"仁之方"。它是处理人际关系的原则，也是成己爱人的方法。

"仁"更重要的意义在于它赋予人以高于自然生命的道德价值，使高尚的人格成为人们追求的目标。每个人都有成就道德自我的潜质。孔子说："仁远乎哉? 我欲仁，斯仁至矣。""士不可以不弘毅，任重而道远。仁以为己任，不亦重乎? 死而后已，不亦远乎?"又说："君子无终食之间违仁，造次必于是，颠沛必于是。"还说："志士仁人，无求生以害仁，有杀身以成仁。"这些都是对"仁"之完美人格不懈追求的表现。

在西方伦理学中，仁慈是与公正相对应的一个重要的伦理范畴。英国学者亚当·斯密将仁慈与公正放在一起进行比较，较为清晰地展示了"仁慈"内涵的独特性。他认为：第一，就底线道德与高线道德的维度而言，正义是维持社会所需要的底线道德，而仁慈则是一个高线道德。如亚当·斯密所言，仁慈是神的原则而不是人的原则。只有独立、自足而又完满的上帝才能以完全利他的仁慈之心行事。可见，"仁慈是一种在某种意义上超越了公正，给予性更强的德性原则"。[1] 第二，就强制性美德与自主性美德的维度而言，正义是可以强制的，而仁慈则是自愿的。仁慈总是由个人来自由选择的，不能强制。仁慈具有更加强烈的主体性内涵，更需要人的道德自觉和道德敏感。第三，就道德规则的精确性与模糊性的程度而言，正义规则的精确性远远高于仁慈。正义更多依赖理性，而仁慈则包涵了更多主观和情感的个人性因素。除此之外，法国学者安德烈·孔特-斯蓬维尔认为"仁慈就是宽恕的美德"，"我们所有的人都犯有太多错误，我们太可耻、太软弱、太卑劣，所以我们不能不需要宽恕"。[2]

综上所述，仁慈的基本含义是对人的慈爱、宽恕，并给予人人道主义的尊重。中西方的理解虽有差异，但都认同仁慈的基本内涵，并且认为仁慈是

---

① 檀传宝.教师伦理学专题［M］.北京：北京师范大学出版社，2010：71.
② ［法］安德烈·孔特-斯蓬维尔.小爱大德——美德浅论［M］.赵克非，译.北京：作家出版社，2013：124.

一种私人领域的具有高尚性并值得追求的美德。

2.仁慈要求于我们的是什么？

仁慈作为教师专业伦理的范畴，包含着相对具体的伦理规则和要求。

在国内新修订的《中小学教师职业道德规范》中，有关仁慈的规则要求主要体现在"关爱学生"这一条目下。具体要求为："关心爱护全体学生，尊重学生人格，平等公正地对待学生。对学生严慈相济，做学生的良师益友。保护学生安全，关心学生健康，维护学生权益。不讽刺、挖苦、歧视学生，不体罚或变相体罚学生。"这一规则强调"关爱学生是师德的灵魂"。这种爱不是一种单纯的个人情感，而是一种基于教育责任和教育理性的教育之爱。

在香港特区制定的《香港教育专业守则》中，"仁慈"的原则在"对学生的义务"中得到了充分的体现："应根据学生的个别情况以及学习能力，尽量因材施教"，"应与学生建立相互信任、互相尊重的关系"，"任何时候都以公平、体谅的态度对待学生"，"帮助学生认识自己的价值，建立自尊"，"评论学生时应具有建设性"，"应避免使学生难堪或受到羞辱"，"不应因种族、肤色、信仰、宗教、政见、性别、家庭背景或身心缺陷等原因而歧视学生"。

在台湾地区教师自律公约中，也规定"为确保学生受教育权之平等，在教育资源允许的前提下，教师应尽可能依据学生身心发展及个别差异，施与适当教育，并特别关怀弱势学生之需求"，"为建立社会良善价值，除在维护公共与自身安全等特殊情形下，教师不应对学生有暴力行为"。

在西方各国的师德规范中，也充分体现出了"仁慈"的意味。由全美教育协会制定的《教育专业道德规范》中明确指出："秉承尊重每个人的独特价值与尊严的信念，教育工作者应该确信：追求真理、卓越、民主原则有着无与伦比的重要性。"在具体的要求中，这一原则得到充分体现："不得无故否定学生接触不同观点的权利"，"不得故意压制或是歪曲反映学生进步的事实"，"不得故意刁难和贬损学生"等。

吾欲仁，斯仁至——教师仁慈的达成

"要像爱护最宝贵的财富一样爱护儿童对你的信任这朵娇嫩的花朵。它是很容易被摧折，被晒枯，被不信任的毒药摧残致死的。所谓要关心儿童的生活和健康，关心他的利益和幸福，关心他的完满的精神生活，这首先意味着要爱护儿童对你的信任这朵娇嫩的花儿。儿童信任你，因为你是教师、导师和人性的榜样。你必须严格地、坚持地关心儿童，毫不妥协地反对我们的教育工作中那种漠不关心、冷酷无情的现象。"[①] 教师的仁慈是在教育细节中得到实现的，而关心儿童是其最核心的达成方式。

1.仁者爱人，尊重儿童

美国学者海姆·吉诺特清晰地指出，"我总结出一个可怕的结论，我在课堂上起决定性的作用……作为一个教师，我拥有让一个孩子的生活痛苦或幸福的权力。我可以是一个实施惩罚的刑具，也可以是给予鼓励的益友，我可以羞辱一个学生，也可以迁就一个学生，我可以伤害一个心灵，也可以治愈一个灵魂，学生心理危机的增加或减缓，孩子长大后是仁慈还是残忍，都

---

① ［苏］Ｂ·Ａ·苏霍姆林斯基.给教师的建议［Ｍ］.杜殿坤，编译.北京：教育科学出版社，1984：316.

是我的言行所致。"[1] 教师需要对自己的仁慈所具有的教育价值具有明确而深刻的认识，这是一种难得的专业伦理自觉。只有仁慈能够唤醒仁慈，从而用人性中最温柔的力量触动儿童内心最柔软的角落，让爱的体验本身成为最好的教育。

英国教育家彼得·麦克菲尔认为："孩子们从接受的关爱和温暖中得到快乐，他们幸福的源泉来于此，而且当他们受到这种尊爱的同时，也会以同样的方式对待他人、动物甚至无生命的东西。"

托马斯·里克纳明确指出，教师应该成为施爱者，令课堂成为美好的地方。他认为，作为施爱者的教师应该做到如下几点：

（1）避免偏袒、讽刺、为难学生或者任何其他损伤学生尊严和自尊的行为。

（2）建立一种和谐关系，使学生乐于接受教师的积极影响。

（3）行为公正。

（4）在肯定学生好的一面的前提下，纠正学生的错误言行和不正确的答案，减少学生犯错误时的恐惧。

（5）通过讨论学生的思想和意见的形式重视学生的观点。

（6）说出自己的个人评论，帮助学生明白为什么诸如作弊、偷窃、威吓和骂人是伤害他人和错误的。

（7）通过道德规范遭破坏后的受害人的切身感受，教导学生重视诸如诚实和尊重他人等美德。

（8）尽力去发现、肯定和提高每个学生的特殊才能和优势。

（9）用写批语的形式赞扬学生，让学生记日记和写评论，谈他们入学时的感受，以此方式同每个同学建立起联系，树立自尊，在处理社会伦理上提

---

[1] ［美］托马斯·里克纳.美式课堂——品质教育学校方略［M］.刘冰，董晓航，邓海平，译.海口：海南出版社，2001：62.

供一些意见。

（10）在学生需要的时候，利用个别商讨的形式给学生提供正确的反馈。①

里克纳几乎用完美的方式解读了一个仁慈的教师该如何实现对学生的仁爱。从和谐的关系到个别化的关注，从错误矫正的理性方式到评价的温情，教师的仁慈往往是通过细节表现出来的，而这些细节却构成了教育的重大。

基于仁慈的尊重学生不是一个空洞的概念，其在具体的教育情境中具有明确的要求和内涵。苏联学者契尔那葛卓娃与契尔那葛卓夫合著的《教师道德》一书中，对于"尊重学生"提出了明确的教育性要求。

（1）严格要求学生是尊重学生的表现，是衡量这种尊重的尺度。

① 严格要求在客观上应该是合理的，是由教育过程的需要以及教学和教育的任务所决定的。

② 严格要求应该是善意的要求，是出于真诚关心学生的命运而提出的要求，是朋友式的要求，而不是对学生及其命运毫不相干的冷酷的官僚的要求。

③ 严格要求应该为学生所理解，使学生把这种要求作为一种必要的东西来接受，而不是把这种要求看作教师个人的兴趣、怪癖或者是教师任性妄为。

④ 严格要求应该是现实的，能够做到的。

（2）容许学生在思想、情感和行为中表现出独立性。

（3）相信学生的善良愿望、高尚品格，相信他的能力和他力求成为好人的愿望。

---

① ［美］托马斯·里克纳.美式课堂——品质教育学校方略［M］.刘冰，董晓航，邓海平，译.海口：海南出版社，2001：67.

小学大爱——
小学教师师德案例读本

（4）把每个学生当作一个人来关心，把学生的行为和思想当作有意义的事实来关心等。①

正如马卡连柯所说，"越是尊重一个人，越是严格要求一个人；越是严格要求一个人，越是尊重一个人"。教师对学生的严格要求是一种深沉的、隐含的仁爱，是"将一半的爱藏起来"；而教师对学生独立性和善良愿望的尊重则是一种宽阔柔软的爱意，给予学生积极的自我成长的空间和推动力。因为"教育的核心，就其本质来说，就在于让儿童始终体验到自己的尊严感"。②

2.设身处地，体谅儿童

教师的仁慈意味着他能够设身处地地体谅儿童的处境，用适当的言语和行动表达对学生的理解和同情，使儿童免于伤害、尴尬和羞辱。这被儿童认为是成人对他们"好"的核心特征。美国学者麦克菲尔通过调查发现，儿童认为成人对他们好的事例有以下几种：

（1）在某些情况下成人允许儿童有"合理"的自由，并且鼓励儿童自主选择。

（2）成人能够对儿童的困难给予帮助，但不能对儿童包办一切。

（3）成人能倾听儿童的呼声，能从儿童的角度来理解儿童。

（4）成人要有幽默感，宽宏大量，不过于严肃和正规。

（5）成人向儿童提出某些要求时，能提供良好的榜样。

学生认为成人对待他们不好的事件是：

---

① ［苏］В·Н·契尔那葛卓娃，Н·Н·契尔那葛卓夫.教师道德［М］.严缘华，盛宗范，译.上海：华东师范大学出版社，1982：110.
② ［苏］В·А·苏霍姆林斯基.给教师的建议［М］.杜殿坤，编译.北京：教育科学出版社，1984：316.

（1）无理的限制。不容儿童解释和争辩，把问题的后果无端地强加给儿童。

（2）无理的要求。有些要求是儿童无法忍受的，有些属于对儿童的过高期望。

（3）无理的惩罚。儿童没有做的事情却说是他做的；儿童知道老师曾经做过的事，但把老师作为榜样行事却遭到惩罚；由于没人认错而对所有儿童采取株连的惩罚方式；儿童认为很小的错误却受到严厉的惩罚、体罚；等等。①

儿童需要成人对他们"有理"，懂得儿童世界的逻辑和道理，并给予理解和尊重，而不是把成人世界的标准和判断强加在儿童身上。"以成人之心度儿童之心"往往使儿童处于被误解和被冤枉的处境之中，使其幼小的心灵受到无端的伤害，甚至造成不可逆转的心理阴影。富有仁慈之心的老师则会在内心深处信任儿童的单纯和善良，总是把他们的言行做善意的理解，总是能够蹲下来看着孩子的眼睛，竖起耳朵倾听孩子对行为的解释，从而给自己更多理解孩子的机会，也给孩子更多温馨甜美的时光。

在日本作家黑柳彻子的儿童文学作品《窗边的小豆豆》一书中，有这样一件事令人印象深刻。校长先生告诉家长们，"请让孩子们穿上最差的衣服到学校来吧"。这是因为校长先生认为，如果孩子们担心"弄脏了衣服，妈

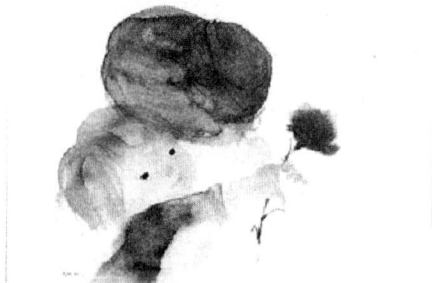

---

① 袁桂林.当代西方道德教育理论［M］.福州：福建教育出版社，2005：273-274.

妈要骂的”，或者“会弄破衣服的，所以不能和大家一起玩”，对于孩子们来说，那就会减少很多乐趣。所以，就让他们穿上最差的衣服，这样无论弄得多么脏，甚至弄破了都没有关系。

这就是校长的仁慈，为了让孩子们能尽情玩耍，享受童年的快乐，他做出了令人惊讶的“校规”，用小豆豆的妈妈的话说，“这才是真正理解孩子们的大人啊”。

而妈妈的仁慈在于，当小豆豆因为反复钻进钻出“铁丝网”而将裙子弄得破破烂烂的时候，仍保持对孩子的理解和体谅。

小豆豆知道这件裙子虽然旧了，却是妈妈喜欢的，她拼命地想一个好办法。因为如果说是钻铁丝网的时候被划破的，很对不起妈妈，哪怕是撒个谎，也一定要显得“实在避免不了弄破，实在没有办法”才好。想啊想，小豆豆好不容易想出了一个好理由。回家以后，小豆豆对妈妈说：“刚才，我走路的时候，别的小朋友都往我背上扔刀子，才成了这个样子。”

一边说着，她一边担心：“妈妈要是仔细地问是怎么回事，可就麻烦了。”好在让人庆幸的是，妈妈只说了句：“啊，是吗？这可太吓人了。”

小豆豆放心了，太好了！这么一说，妈妈就会知道，弄破她喜欢的衣服是不得已的了。

当然，妈妈肯定不会相信刀子把衣服划破之类的话。刀子扔到后背上，身体却一点儿没有受伤，只是把衣服弄得破破烂烂的，这样的事情根本不可能发生。不过，连小豆豆也想找个借口，这可是从来没有过的，可见她在意这件衣服，不愿意弄破。“真是个好孩子”，妈妈这么想着。①

妈妈没有揪住孩子划破衣服这件事不放，也没有因为知道孩子在撒谎而

---

① ［日］黑柳彻子.窗边的小豆豆［M］.赵玉皎，译.海口：南海出版社，2011：168.

不依不饶，她试着去理解和体谅孩子为什么要撒谎，而且朝着善意的地方去理解，体会到孩子的"良苦用心"。她没有揭穿孩子的谎言，因为这个谎言背后有她的懂事，有她对妈妈的体谅和爱。用善良去想象孩子的善良，信任孩子的善良，并期待孩子的善良，这就是仁慈最美好的地方。

3. 宽宏大量，包容儿童

师生关系并非总是和谐，儿童并非总是天使，很多时候也像"魔鬼"一样令人恼怒，在这样的时候，教师应该怎么办？如果教师用厌恶、愤恨甚至报复和羞辱的态度对待学生，那么师生关系便会受到伤害，学生也会因之而产生负面的情绪情感。反之，如果教师能够保持一种师者的仁慈，能够用深沉的情感、用教育的智慧去包容学生的过错，就有可能产生出人意料的教育效果。

老师的腰围

魏振强

我曾在一所小学听数学课。老师是个女的，40来岁，胖胖的。讲完厘米、分米和米的概念后，她让学生们测量桌子、铅笔和手臂的长度。两分钟后，被点名的同学报出答案，都得到了表扬，一张张小脸涨得红红的，嘴巴笑成了一朵朵花。那些没被点到名的学生着急了，有的站起来，有的跳着脚，有的甚至爬到凳子上，高举着手："老师，快叫我快叫我！"

桌子、铅笔和手臂的长度都量过了，老师说："我们再找找别的东西测量一下。"老师的话刚完，我旁边的那个一直没得到机会的瘦个子男孩"噌"地站起来："老师，我想测测你的腰围。"

教室里一下静了，同学们都转过头或侧过身看着这个瘦男孩，而后又把目光对着老师。老师低头看了一下自己的腰，然后静静地看着那个学生，笑道："好啊，你来量吧。"

小男孩拿着尺子，飞快地跑到黑板前。他用手按住尺子的一端，让尺子在老师的肚皮上翻着跟头，翻了好几趟，他说出了一个答案："87厘米"。"不错，他量得很认真，答案也比较接近。但是，其他同学有没有更好的办法、测得更准确一些？"他的话音刚落，一个胖乎乎的女孩站起来说："老师，我有，我用手。"小女孩已开始往黑板前跑了。老师问："你用手怎么量呢？"小女孩说："我一掌是11厘米，我看是几掌就知道了。"老师笑了。小女孩的手在老师的腰上爬，刚爬了一圈之后，她就报出了答案："89厘米"。

"有没有更好的办法？"笑容在老师的脸上绽放。教室里静悄悄的。片刻之后，前排的一个小孩站起来："老师，你把裤腰带解下来，我们一量就知道了。"

我没想到这个小小的孩子会想到这种聪明的办法。老师肯定也没想到，我看到她在大笑，真正地开怀大笑。老师一边笑，一边真的解下了裤腰带。

小同学量出的是90厘米，这当然是最准确的一个答案。老实说，那位老师并不算漂亮，但这节课却是我听过的最漂亮的一节课。①

这无疑是一个仁慈的老师，她始终笑对孩子们的各种要求，无论这种要求是否令她为难，她都认为孩子们是心怀善意的。面对这样的老师，孩子们会感觉到安全、信任、宽容、慈爱，他们会在一种轻松的氛围中学习，他们会在宽松的心理环境中产生更多新奇美好的想法。师生的心灵因为教师的仁慈而彼此贴近，教育因为教师的仁慈而抵达一种神奇的意境。

---

① 张定远.感恩老师［M］.北京：光明日报出版社，2007：9.

专题四　让学校成为一个柔软的地方————

——小学教师的道德敏感

为了公开课的欺骗

每朵花都有盛开的理由

丁爱平

骨干教师优质课展示，借我班上课——科学课，做实验。只要40个孩子，全班共49人。我问："能不能多准备一套器材？可不可以每个实验组增加几个人？"答复是："40个足够了，好组织，人多容易乱。"

从49人中去掉9个学生？你让我怎么挑？看着我的孩子们，一个个都是如此可爱，谁都不知道他们亲爱的丁老师正要为一堂"优课展示"，剥夺9份本应属于他们的课堂权利！我无法直视一双双纯净的眼睛。苦苦思索之后，我忽然灵机一动：不告诉他们上公开课的事，先请教过他们的张老师来挑选9个人，到她班上去讲故事做游戏，孩子们肯定愿意！这个点子使我的心略微好受了一点。不出所料，张老师的邀请激动人心，在热潮中请了9个同学，他们自觉地排成一队，跟我说再见。不知为什么，我的泪涌了上来。

上公开课了，40个孩子在空气和水的世界里畅游。我一点也听不进去，一遍遍地想：那9个同学在干什么？开心吗？会不会觉得中了圈套？

终于下课了，进教室发现小轩在哭，他是九分之一，我预感事情不妙。"小轩说我们上当受骗了！""他说我们去讲故事的九个人都是差的！好的都去上公开课了！"我跌坐在椅子上，深感疲惫，无法言说。我怎么办？继续编造美丽的谎言？还是坦白冷酷的事实？我知道，我永远也弥补不了心头的愧疚：孩子，对不起！

有人说，你至于这么自责吗？9个孩子这次不上课，以后有的是机会。有人说，又不是主课，少上一节并不影响学习成绩。还有人说，优胜劣汰是自然法则，你能保护他们一辈子吗？……有几个人会掂量这9个孩子的感受呢？为什么我们已经看不见儿童敏感的心灵？到底是什么灰，蒙了我们的眼睛？是"展示"，是"成功"，是一切从教育者出发的"为我所用"！

必须坚决摒弃这种无视儿童心灵的"公开课规则"！被尊重、被爱是每一个儿童的权利。每个儿童都是珍贵的唯一。只有我们抛弃功利思想，以发展性的评价来尊重、唤醒、激励儿童自然成长，儿童才是真正的"希望着的"儿童，教育才是真正的"人"的工程。(有删减)[①]

为了保证公开课的效果而对学生进行筛选，这在学校教育中司空见惯。在这样的司空见惯中，弥散着一种难以觉察的教育冷漠。那些被筛选的孩子，被以一种公开的方式羞辱或歧视，他们内心的感受被我们或多或少地漠视了。在这一案例中，这位教师身上有一种难得的道德敏感。虽然，她难以彻底免俗，服从安排，对学生进行了挑选。然而，她没有像一些教师那样，直接把成绩较差的学生拒之门外，而是采用了较为隐蔽的方式进行挑选，尽最大的可能不对学生产生伤害。然而，剥夺一部分学生正常的上课权利，这件事情本身令她感到不安。所以，当学生对这件事情产生"被欺骗"的感觉时，这位老师自责内疚，她无法坦率、自信地向学生解释自己的做法。她能够对学生进行感同身受的理解，进而对自己的行为进行深刻的道德反思——作为教师的我们，往往为了自身的利益而牺牲了孩子。

[①] 吴非.一盏一盏的灯 [C].南京：江苏教育出版社，2013：77.

高德胜教授在《道德教育的 20 个细节》中专门分析了公开课的道德影响。"公开课的课堂上充斥的是虚伪和矫情，教学是假，作秀是真。学生目睹了教师们弄虚作假的全过程，有在课堂上'炒冷饭'的，有把学生选优拼班的，有指定学生背好问题答案的，有课堂上温柔课后痛骂的……在公开课这一特殊的教学情境中，诚信一次次被颠覆，其负面影响是不可低估的。公开课公开的是学校教育中的一个谎言：言行不一致、不诚实和不诚信。言行一致、诚实守信是学校教育，尤其是学校德育的一个重要主题，不可否认学校在这一主题上花了很多功夫，开展了很多教育活动。但是，公开课的公开欺骗使得这一努力都变成了谎言：老师让我们言行一致，诚实守信，但老师自己却可以如此欺骗！而且这样的作假甚至欺骗，成了所有人都心照不宣的'潜规则'。"[1] 在这样的公开课中，我们会看到可怕的作假和欺骗，意识到普遍盛行而又心照不宣的"潜规则"，更加可怕的是教师的行为会对学生产生不可逆转的负面道德影响。这种道德影响因为真实而更具力量，因为有教师作为"榜样"而更具影响。之所以会有这样普遍存在的虚伪的"公开课"，是因为在教师的心中，往往会把荣誉的获得看得比坚守是非善恶重要，于是，是非善恶在教师心中的界限越来越模糊，教师对是非善恶的敏感被一点点侵蚀。

当我们日渐失去道德敏感，作为影子的学生会用他们"所受的教育"，让我们惊出一身冷汗。吴非老师主编的教育随笔集《一盏一盏的灯》中收录了一篇名为《"课托"是怎样炼成的》的文章——

我走进课堂，坐第一排的女生非常热情并兴奋地大声问："老师，你要拿我们班上公开课？要不要我帮你找几个托儿？"学生的这番话让我感到意

---

[1] 高德胜．道德教育的 20 个细节［M］．上海：华东师范大学出版社，2007：135.

外，一时竟不知如何回答。看着学生的单纯天真，我只能说："谢谢。像平时一样，该干吗就干吗，我不要'托儿'。"虽然这样说着，心里却有一种说不出的滋味。

托儿，《现代汉语词典》上的解释是：指从旁诱人受骗上当的人。"托儿"的本质是骗，这一点不知学生是否知道，如果知道，他们为什么甘当"课托儿"，而且说得那么自然，表现得那么真诚？

每个教师应该反思：在学生炼成"托儿"的过程中，有没有自己的参与？在很多时候，为了公开课的成功，班主任和任课教师往往会在课前给学生"做工作"，要求学生"配合老师"把课上好，甚至还会扯上班级荣誉。久而久之，每逢公开课，学生就会产生一种扭曲的荣誉感，这也就导致学生失去了自我，卖力地"配合"。

学校的一切活动都是教育，今天单纯的学生积极配合你表演，等到他们能独立思考后，怎么看待你这样的老师？更可怕的是，学生习惯了配合，走向社会之后，只会真诚而热情地做托儿，却没有任何的道德反思。今天，有"医托儿"，有"房托儿"，有"婚托儿"……难道"托儿"还不够多吗？教师的一言一行，举手投足，都是教育；千万不能有意无意间，把学生培养成"托儿"。我们要让学生明白：在课堂上要做思想者，不能做"托儿"。[①]

无疑，这是具有道德自觉和敏感的教师，他能够敏锐地觉知教师的言行举止在有意无意间所造成的道德影响。缺失道德敏感的教师，则会在无意中造成"反教育"的后果。我们培养的学生应该是令社会更有道德、更加美好的正直公民，如果我们失去道德敏感而将学生培养成"托儿"，培养成"骗子"，我们就不再是教师，而是社会灾难的制造者。如此，我们便颠覆了教

---

① 吴非.一盏一盏的灯［C］.南京：江苏教育出版社，2013：145.

师职业的道德使命和身份意义。

因此，教师的道德冷漠会令教师变得面目可憎，会使学校成为反教育的存在。因为，无数个儿童会在这样的教师影响下，失去成为一个高尚的人的可能。在这个意义上，教师的道德敏感守护着教育的灵魂，守护着儿童的未来和人生。

体味"道德敏感"

　　教师的道德敏感就是能够敏锐地感知自身教育教学行为的道德意义，进而能够在复杂的教育情境中，采取合乎专业伦理的行为，实现教育的积极目的。这是对教师专业素养的极大考验。教师的道德敏感有道德直觉的成分，但是有一部分是以知识形态存在并可以通过学习而获得的。这种知识形态正是加拿大学者坎普贝尔所说的教师专业伦理知识。坎普贝尔提出："伦理知识是一种个人的专业性的能力。它使得教师能够敏捷地意识到，道德价值如何在日常实践的细微之处得以表达。它驱动教师考察自身的行为，质疑自己的意图和行动。它要求教师运用专业美德的透镜，包括诸如公正、正直、道德勇气、同情、忠诚和耐心等一般性伦理原则，去审视课程和他们从事的教学与评价工作，也包括他们与学生或他人之间的人际交往。"[①]教师的道德敏感正是在这种基于专业伦理知识的自觉审视中产生的。

　　苏霍姆林斯基将道德敏感表述为"道德敏锐性"。他认为这种道德敏锐性是指，"要善于感觉到身边的人，要善于理解他的心，要善于从他的眼里看到他那复杂的精神世界，诸如欢乐、痛苦、不幸、灾难等。你要想到并感觉到你的行为举止如何，会直接影响着他人的精神状况，不要以自己的行

[①]［加］伊丽莎白·坎普贝尔. 伦理型教师［M］. 王凯，杜芳芳，译. 上海：华东师范大学出版社，2011：中文版序.

为去使他人痛苦、受辱、不宁和心情沉重。要善于支持、帮助、鼓励有痛苦的人。"① 这种道德敏锐性是对他人情感和思想状态的敏锐觉知，并调整自己的行为举止，使之对他人产生积极的影响而不是相反的影响。

与道德敏感相对应的就是道德冷漠。苏霍姆林斯基对于道德冷漠的描述非常细致到位。他认为道德冷漠是一种伦理意义上的"愚昧无知"。"冷漠的人，就是精神上盲目的人。""愚昧无知的人不能理解，也不能感受到他人的精神状况，他能把盐撒在他人心灵的伤口上，他会拿起个粗木棒子抢到只能用手轻轻触摸的地方，他会在需要安静的地方用泥靴子踏得咚咚响，当需要轻轻地、悄悄地踮起脚从这扇门走开的时候，他却会破门而入，在大家闷闷不乐的时候，他却会开怀大笑。"② 这种道德冷漠漠视他人的情感和处境，用不恰当的行为产生一种伤害。

在相似的情况下，教师可能采取两种截然相反的做法：一种是对学生的仁慈态度，另一种是官僚的冷漠态度。"一个学生病后来到了学校。他对学校感到生疏了，胆怯地走进教室，女教师高兴地欢迎他说：'孩子们，你们看，郭良来了。郭良，你的身体怎么样？脚不痛了吧？很好。以后走路要小心。'然后，她问：'孩子们，我们让郭良坐在哪里呢？大家挑选一个最好的座位。'学生们开始争先恐后地要求男孩坐在自己旁边。郭良满脸红光，高兴地站在那儿。富于人情的、温暖的欢迎鼓舞了他。第二种对待学生的做法

---

① ［苏］B·A·苏霍姆林斯基.怎样培养真正的人［M］.杜殿坤，编译.北京：教育科学出版社，1992：62.
② ［加］伊丽莎白·坎普贝尔.伦理型教师［M］.王凯，杜芳芳，译.上海：华东师范大学出版社，2011：中文版序.

是：教师严厉地问学生医生证明开来了吗？放到桌上来！"①

　　学生病愈返校是学校生活中的常见现象，具有体谅心的老师会给学生温暖的怀抱，而冷漠的教师则会给学生冰冷的目光。小小的教育细节，却有大大的教育影响，差别就在于教师那颗心是否敏感体谅。

---

① ［苏］B·H·契尔那葛卓娃, H·H·契尔那葛卓夫.教师道德［M］.严缘华, 盛宗范, 译.上海：华东师范大学出版社, 1982：102.

道德敏感在细微中彰显

教师的道德敏感总是体现在具体的教育情境之中，总是在细微之处得以显现。

1. 对教育价值立场的敏锐觉知

教师的道德敏感表现为对教育价值立场的敏锐觉知，并且善于修正、转化为教育的契机。

教育过程总是内含着一定的价值立场。很多时候，价值取向隐藏在日常的教育行为中，形成了一种"习惯成自然"的状态。然而，价值取向对学生的影响却是根本性的。虽然过程具有隐蔽性，很难察觉，但其影响却根深蒂固。这就需要教师对教育价值取向具有敏感性，能够透过教育现象把握其中隐含的价值导向，尽最大的可能对学生产生积极的影响。

一位小学班主任讲述班里值周的两名班干部的不同做法时，对其中的一位赞许有加，对另一位却明显不满。原来值周的那名男孩子"脑子特别活"，特别知道"维护班级利益"。比如一次，自己班里的一位同学没有戴红领巾，但是很快就跑过去了。跟他一起值周的五年级学生问，"刚才跑过去的那个人，你认识吗？是哪个班的？"值周的男生很自然地说，"不认识。"这样事情就算过去了，班里不会因为这个同学没有戴红领巾而被扣分。而同样的情况，那位女生则"不会变通"。那位老师说，"那个女生太死板，我也没法点拨她。实在不行，就换一个脑子活的去值周。"在这位老师的意识中，对班级利益的维护高于学生对正直的坚守。她希望的"灵活"能够现实地给班级带来利益，却在不知不觉中让孩子们失去了诚实正直的品质。然而，教师对此却没有觉知。她肯定和鼓励"投机耍滑"的男孩，否定和排斥诚实正直的女孩。教师在价值取向上的混乱，无疑会在潜移默化中影响到学生。功利取向的价值观模糊了是非善恶的界限，当教师混乱了，学生还能够清晰吗？所以，教师在日常工作中应对自身行为背后的价值意蕴、道德影响进行自觉的反思，以免教育过程成为反教育的过程。

　　一般学校每年都举行春季或秋季运动会，运动会上根据各班向广播站投稿的数量来评选"文明班级"，因此，各班都会组织学生写稿子，以致学生无法全身心地投入和体会运动的乐趣和美。这是一种常见的现象。一位班主任明确要求学生在运动会期间尽情享受运动带来的快乐，不必一个劲儿地写稿子。但是，当学生们看到其他班级都踊跃投稿的时候就坐不住了，焦急地表示希望通过写稿子，争取文明班级奖。当班主任坚持既定原则的时候，他明显感觉到了同学们的失落。这位班主任面对这一事件，进行了难能可贵的反思。"为什么同学们会对这个奖项表现得如此焦虑呢？一方面当然反映出他们强烈的集体荣誉感，但我想更重要的可能与我先前的工作立场有关。在此前两年，我带领班上的同学几乎参与了学校的所有评比，先后获得'卓越班集体'、'优秀班集体'、'文化先进班集体'。应该承认，这些奖项的确可以'聚气'，让我们班看起来更加优秀；但扪心自问：我们是不是也迷失其中，为了奖项而奖项，使同学之间、班级之间出现了一种排他性而非共生性的关系？当有一天我突然意识到这样做可能不妥的时候，长期浸在'奖项文化'中的学生又如何能理解呢?""班主任工作一不小心就容易流于琐碎,但不能因为工作琐碎就把目标也变琐碎了。"①

是的,教育很多时候会深陷"只见树木不见森林"、"只见物不见人"的迷雾之中,忘记了教育的初衷,忘记了"育人"的根本。麻木和从众常常令教师失去了价值判断的意识和能力。而具有道德敏感的教师则会始终让自己的心处于一种聆听和判断的状态,守护着道德底线,守护着孩子们的价值心空。

2. 对学生处境的切实体谅

教师的道德敏感表现为对学生处境的体谅,并能在特定情境中采取行动,以实现善的教育。

教师面对的是学生集体,在很多时候还是七八十人的大班额。在这种情况下,教师往往会忽视对特殊学生特殊处境的体谅,进而可能使自己的教学行为成为一种伤害。

尽管教科书中提供了一些故事,我会说:"不,我不使用它。学生不需要它。"如果你知道某些孩子没有父亲或母亲,你就不要读这些故事。我不在意他们是否在教科书中出现。因为这将会给孩子带来痛苦的回忆,进而会伤害他们。我不会将这些带入课堂。②

要实现对学生处境的体谅,对他们内心的保护,需要教师在日常的教学实践中加入更多知识之外的考量。保护孩子的心灵,保护孩子的情感免受伤

---

① 吴非.一盏一盏的灯[C].南京:江苏教育出版社,2013:68.
② [加]伊丽莎白·坎普贝尔.伦理型教师[M].王凯,杜芳芳,译.上海:华东师范大学出版社,2011:28.

害，也许比单纯的知识传授更加重要。知识可以通过不同的途径获取，而伤害一旦造成，往往难以抚平。在这种时刻的正确教学决策，就体现出教师的道德敏感度。这种道德敏感，反映出教师内心的柔软和善良是一种泽润无声的力量。

对学生处境的体谅，需要教师作出比单纯上课更多的道德努力。这些努力是基于对知识之外的心灵和情感的触摸，是基于对学生作为人的更加完整的理解，是对自己作为塑造心灵的教师职责的觉知。这些努力无法用功利的评价标准衡量，却能够在师生的心灵深处留下最真实的碰撞，成为最具教育味道的回忆。对学生而言，或许一节又一节课堂上讲过的知识遗忘了，而那一刻的温馨和感动却始终记忆犹新。

一位语文老师写了一篇名为《我在课上说的闲话》的教学反思，虽然她认为那些话是与教材无关的闲话，但正是这些"闲话"避免了单纯讲授教材可能造成的伤害。这些"管得宽"的"闲话"，正是教师道德敏感最真实的体现，正是教师在敏锐地体察到学生的处境之后所做的积极努力。这位语文教师所讲的教材内容是一篇名为《甜甜的泥土》的课文，文中写了一个身处离异后重组家庭的孩子小亮的悲惨生活。有些教师特别喜欢用这篇课文来"做课"，不少人还把催泪电影《妈妈再爱我一次》用到课上来煽情。但是她却发现，在自己上这节课的时候，班里几个学生的反应并非教师所希望的那样。"班里有几个低着头的学生，无精打采，似乎对这篇课文毫无兴趣，有意无意地在做着别的事情，或者发呆。这几个人恰恰是最爱上语文课的。"作为班主任的她了解他们的家庭，他们都经历过父母离异。她意识到，"这节课硬硬地触到了这些孩子隐蔽的伤口。"更加难能可贵的是，她意识到孩子们是用这种漠然的表象来保护自己。"当课本用这样的苦情呼唤同情时，他们在拼命抗拒，他们都是要强的孩子，不愿被人怜悯，不愿显得自己和别人不一样。面对这些极其敏感的有着强烈自尊心的孩子，我想我得做点什么。"在这里，这位老师对于孩子们的处境有细致的观察和精准的把握，并且能够把这种体谅转化为一种积极行动的力量。于是，她选择把自己的心里话讲出来和孩子们进行沟通。

"这篇小说出现了一个虐待孩子的继母形象。但我想说几句题外话。从小我们也听了很多恶毒后妈的故事，所以，一提到继父继母，人们就认为他们肯定不爱继子继女。其实，人与人之间不一样，时代也不一样了，故事归故事，现实是现实。重组家庭也可以很幸福，只要我们不带偏见，到处都可以看到美好的重组家庭。这就需要我们用自己的眼睛去观察生活，也用自己不带偏见的心去感受生活；要想得到别人的真诚与爱，自己要能先付出真诚与爱。如果心里先竖起一堵墙，收获的只能是隔膜。……"

她说的这些与课文无关的"闲话"流淌进了学生的心里，因为她看到了那几个孩子微妙的变化。"他们渐渐抬起了头，于是我看着他们，想尽量把我的想法传递给他们。当他们终于看向我的时候，我读出了他们眼睛里升起的一点亮光。"四目相对的时刻，师生之间传递着柔软的感动。作为一个付出了道德努力的教师，"我很高兴，自己在课堂上多说了这样的'闲话'"。这位语文老师不但能够体谅学生的处境、感受，还能够意识到应该有所行动而不是消极地漠然处之。

在这样的时刻，学生感受到老师真诚的努力，体会到老师的良苦用心，而这会赋予教学过程以灵魂。教师在这样的教育瞬间，也体验到了教育的动人之处，透过学生眼中升起的光亮，她的内心也升腾起幸福，这是一种纯粹地享受自己道德努力的幸福。

3. 对学生教育需求的灵敏捕捉

教师的道德敏感表现为教师能够对学生需要的灵敏捕捉和积极回应，并且能够用谨慎的言行给予满足。道德敏感令教师对学生有更细致入微的观察和关注，进而敏锐地感知学生的需要特别是个别化的需要，然后采取适当的行动进行回应。这些回应很多时候

> 　　一个鼓励的点头、一个理解的目光、一个满怀深情的眨眼、一个请求和开放性的脸部表情——这些都不是一套简单的行为学技巧，可以在一个关于课堂管理的研讨班上学得到。一个用温暖和支持的目光，机智地鼓励孩子的老师，必须要有对孩子温暖的感情。这个老师必须成为他或她所传递的目光本身。
>
> ——［加］马克斯·范梅南

看起来只是微不足道的点点滴滴，比如一张纸条、一个微笑、一句问候、一句评语，这在教师看来只是信手拈来、小事一桩，对学生而言却可能意义非凡。

感恩老师

张定远

学生时代经历过的考试数不胜数，唯有一场考试却让我刻骨铭心……

那是我参加初三化学的期中考试，答完了所有的题目，唯有一道是非辨析题弄不准。我按捺不住，该死的手慢慢伸向放在抽屉里的《化学精解》，刚翻开，背后伸出一双大手，像老鹰抓小鸡似的叼走了书本。监考老师当场在我的试卷右上角写下了"作弊"两字。整个过程不足一分钟，我却仿佛做

了一场噩梦。想着被班主任、父母知道后的后果，想着自己的名字会在校门口的黑板上公布出来，想着考试前所付出的努力，我的眼泪滴在了试卷上。我多么希望我的眼泪能感化监考老师，企盼着它能把这可恶的"作弊"两字擦掉。

放学了，我不敢回家。这时，教我们化学课的杨老师来到了教室。当他从我吞吞吐吐的叙述中得知事情的经过后，出乎我的意料，他没有半句训斥，只是宽厚地拍了拍我的肩膀，让我快点回家，免得父母牵挂。

考试后的第一节化学课，坐在课堂上的我，心突突地跳个不停，就像囚犯等待法官的宣判。看着同学们依次走上讲台领取老师批改后的试卷，我越发为自己的不诚实而感到愧疚。杨老师点到了我的名字。我内疚地走上讲台。那是我永远不能忘记的一刻，我领到的是一张缺角的试卷，写有"作弊"的右上角已经被人剪掉了，得分栏上赫然用红笔写着大大的92分。我感动得鼻尖发酸，发誓要一辈子感谢杨老师，一生诚实做人，永不再做这种丢脸的事。

发生在这年秋天的期中考试，让我对"宽容"和"原谅"有了独特的体验。它让我明白了有时宽容比指责更能催人自新，原谅比惩罚更能净化灵魂。

在这一案例中，老师看到了学生在犯错之后内心承受着巨大压力，在这样的时刻学生需要的不是惩罚，而是宽慰，需要的是将他从巨大的羞耻感和压力状态下解救出来。老师用轻松的方式拯救了学生，他不露痕迹地撕去"作弊"二字，把学生从"灾难"中拉回到平静正常的生活。杨老师这样做的依据不是简单的对与错、简单的关于作弊的种种惩罚规定，他依据的是眼前这个已经无限悔恨和惧怕、无限希望重新开始的成长中的心灵。道德敏感就是对那个独特的心灵需要的敏感，他需要的就是教育应当给予的。当教育能够用最恰切的方式回应的时候，其产生的力量是无可估量的，就像前文提及的会"净化灵魂"。

教师对学生的恰切回应，事实上是一种对教育奇迹的敏锐捕捉。在这一案例中，教师正是运用了苏霍姆林斯基所说的"羞耻的强大力量"，实现了对学生心灵的深刻转变。"体验到这种羞耻感的人，一定会成为精神上坚强的人，而不会成为一个软弱无力的人、逆来顺受的人。羞耻的强大的教育力量，就在于它没有使人失去个性，而恰恰使人个性中那些优点得以突出。我加倍地相信，体验过羞耻感的人，会变得更加纯洁，更加美丽。你看到他，仿佛是重新换了一个人。"①

道德敏感中包含着对学生体验到羞耻之后想要变得纯洁、美好的道德需要的理解和信任，然后教师用心照不宣的方式保护这种需要。而这需要极大的教育艺术和教育智慧。"要善于使人有羞耻感，是那个称之为教育分寸的奇妙的花坛里最芬芳的鲜花之一。使人有羞耻感，就意味着给人本身有个斟酌、思考、分辨自己行为的机会。羞耻永远要求保密。"②教师要小心翼翼地捕捉学生珍视自己名誉的愿望，而不是粗暴地把学生感觉到羞耻的事情公之于众，让那颗原本善良的心，在众目睽睽下被抽打而伤痕累累，甚至泯灭了那向善的小火苗，而将学生推向恶的边缘。在这个意义上，教师的道德敏感是一种可贵而稀缺的拯救力量。

---

① ②［苏］В·А·苏霍姆林斯基.怎样培养真正的人［M］.蔡汀，译.北京：教育科学出版社，1992：170，171.

上善若水——教师道德敏感的实现

教师的道德敏感并非与生俱来，而是伴随教师专业道德的发展而日益提升的。道德敏感的形成需要教师对专业使命的深刻认知和领悟。"学生正是通过与教师的交往经历而获得有关道德的教育的。他们能够感受到教师真正关心他们的时刻；他们能够在一瞬间嗅出伪善；他们对高傲和真实的差异非常警觉。归根结底，学生在其周围所看到和听到的内容对他们的道德影响是巨大的。"[①] 因此，马卡连柯提出，"教师处于最严密的监督之下"，由此教师的道德敏感才成为教育中的必需。

1.对专业使命的深刻自觉

"成为一名教师究竟意味着什么？""一个教师对于学生究竟会产生怎样的影响？"对于专业使命的深入思考和领悟，是教师形成道德敏感的意识前提。教师越是意识到自身所承载的教育责任，越是会"战战兢兢，如履薄冰"，越是能够谨小慎微地注意自己的教育言行，越是能够在道德上对自己提出严格甚至苛刻的要求，以保护学生的情感和心灵，保护学生的未来和

---

① ［加］伊丽莎白·坎普贝尔.伦理型教师［M］.王凯，杜芳芳，译.上海：华东师范大学出版社，2011：23.

一生。

教师需要比常人有更多的道德敏感，因为"教师在造就人"。"孩子们的许多行为举止，在我们成年人看来是该受到指责的，可往往是由于心灵上那种高尚的激情所促使。如果你不明白、没有发现这种激情，你就有可能扑灭那小小的、不易发现的人类高尚品格的火光。"①而这种冷漠的不理解很有可能造成严重的后果。"假如大人们不理解孩子，对他心中的活动、激情，有时甚至是慷慨激昂的心情采取冷漠态度的话，孩子就会变得凶狠、残酷，还有可能有意做出坏事来。罪犯是冷漠的产儿。"②教师要深刻地意识到自己所产生的教育影响的巨大，才能够更加敏锐地理解和体谅学生，更加注重教育契机的把握。

"教育是一种使命。只有当我们真正感受到教育作为一种召唤而激起活力和深受鼓舞时，我们与孩子的生活才会有教育学的意义。"③对专业使命的自觉意味着教师能够意识到教师职业的特殊性，意识到教育对象以及教育劳动过程的特殊性。教师的劳动对象是人，是成长中的心灵。因此，教师的任何行为都构成了教育影响的一部分。"并不是教师做过的每一件事都必须具有道德意义，而是教师采取的任何行动都能够具有潜在的道德意义。"④

劳动对象的特殊性，决定了教师劳动的特殊性。"在改造自然界的物质生产中，随着劳动产品的获得，劳动过程由此完成，那么教育劳动的产品——人——是能够继续自我发展的，而教师对这个人的影响是不会消失

---

① ②［苏］В·А·苏霍姆林斯基.怎样培养真正的人［М］.蔡汀，译.北京：教育科学出版社，1992：64.

③［加］马克斯·范梅南.教学机智——教育智慧的意蕴［М］.张树英，译.北京：教育科学出版社，2000：35.

④［加］伊丽莎白·坎普贝尔.伦理型教师［М］.王凯，杜芳芳，译.上海：华东师范大学出版社，2011：23.

的，有时候还会继续影响他的整个一生。"[1] 教师劳动的价值往往难以即时体现，甚至难以确定其价值是积极或是消极，除非教师有足够的道德敏感，才可以使自己的行为尽可能地达成预期的正向教育价值。缺失了这样的敏感，往往导致连教师自己都难以想象的教育结果。

2. 能够进行正确的价值排序

能否具有道德敏感是与教师内心的价值排序密切相关的。将功利性价值排在首位的教师，往往会"见物不见人"，把自身的利益放在学生利益之上。在这种情况下，教师就会"一叶障目"，忽视甚至漠视学生的感受，道德冷漠就会成为一种常态。将人文性价值排在首位的教师，则将学生的喜怒哀乐看得比个人物质利益重要，心灵更加柔软，更加与学生贴近。价值观的影响具有根本性。教师的价值排序形成稳定的道德取向，影响教师日常的所有行为。因此，道德敏感首先应该是价值取向上的敏感，所有的具体行为和具体情境中表现出的敏感都是其价值敏感的具体反映。

将学生放在心上的老师，会在批改作业时，给学生写下饱含感情的评语，激励学生的求知欲；反之，则会敷衍了事地写下一个个没有感情色彩的"阅"字。把学生放在心上的老师，会在学生犯错误后，静静聆听学生的感受、学生的想法、学生的苦衷，然后恰当地处理；反之，则会觉得学生给自己找了麻烦而气急败坏，然后不分青红皂白地处罚。把学生放在心上的教师，会在"六一"的时候让学生自由自在地过，只要学生过得快乐；反之，则会牺牲学生的利益成就其他人的利益，并不在意学生是否快乐。

---

[1]［苏］В·Н·契尔那葛卓娃，Н·Н·契尔那葛卓夫.教师道德［М］.严缘华，盛宗范，译.上海：华东师范大学出版社，1982：42.

在教育中教师认为什么更重要，就会把谁的利益放在前面。把学生的利益放在第一位就会更加关注学生的需要，照顾学生的感受。正向的价值观能够让人的心灵更加柔软，公正的思想能够让眼睛更加明亮和敏锐。利欲熏心、金钱障目之后，就会对学生的感受视而不见，就会对学生的声音听而不闻。一位办课外辅导班的老师，会依据谁出钱上自己的课外班而对学生分出远近亲疏。这位把钱看得无比重要的老师，无法理解一个家庭贫困却极想得到老师宠爱的孩子的苦痛。这种道德冷漠完全是价值取向偏差所致。

因此，教师的道德敏感需要教师不断澄清自己的价值取向并且坚守价值选择，在诱惑中能够淡定，在迷失中能够回归，不断叩问作为教师的核心价值。

3. 需要对学生有更多了解

一位小学老师在父亲节的时候给学生布置了一项作业——给父亲写一封信。在收作业的时候，他发现有一个学生没有交作业，老师很生气。上课的时候就让那个没有交作业的学生站起来解释为什么没有及时交作业。男孩沉默着。在老师的质问声中，他带着哭腔喊了一句，"我没有父亲"。教室里一片沉寂，只有男孩抑制不住的哭声。毫无疑问，这位老师在无意识中伤害了学生。这种伤害的发生是因为他对学生的家庭情况没有充分的了解。如果能够在教学过程中对学生的家庭等个人情况有更多了解，这样的伤害就完全可以避免。一些教师现在比较重视备课，却往往忽视了"备学生"，而教育的起点恰恰不是冷冰冰的知识，而是热乎乎的心。缺少了对学生的关心和了解，那热乎乎的心就很有可能在有意无意的伤害中冷却。令学生伤心是教育过程中最致命的错误。因此，道德敏感并非单纯的理性和情感的表现，更需要各种有效信息的支撑。

道德敏感需要教师运用各种途径和方式，获取与学生相关的信息——家庭背景、成长经历、交友状况、健康状况等等。在我们的教育传统中，家访是一种很好的了解学生各种状况的方式。但是随着教育中很多实际情况的变化，尤其是现代化通讯手段的使用，家访逐渐被家校通讯平台取代。然而，那是一种单向的沟通方式，教师通过家校通讯平台向家长通报学生的各种情况，却很少或很难了解学生的家庭情况和家庭表现。家校通讯平台通报和关注的仅仅是学生的学习和作业情况，很少有其他方面的信息。因此，如何在通讯发达的时代发挥传统家访的功能，使教师对学生有更完整细致的了解，从而为道德敏感的实现提供充分的信息基础，是教师需要思考和解决的一个现实问题。

4. 更娴熟地运用教育机智

道德敏感在具体操作层面的实现，需要教师具备更多的教育机智，使道德敏感的实现自然流畅、润物无声。在加拿大学者马克斯·范梅南看来，机智由一系列的品质和能力构成。首先，一个富有机智的人比较敏感，能从间接的线索，如手势、神态、表情和体态语来理解他人内心的思想、感情和愿望。第二，机智还在于能够理解这种内心生活的心理和社会意义。第三，一个富有机智的人表现出良好的分寸和尺度感，因而能够本能地知道应该进入情境多深和在具体情境中保持多大的距离。最后，机智还有道德直觉的特点，一个富有机智的人似乎能够感觉到什么才是最恰当的行动。[①] 由此可见，

---

① ［加］马克斯·范梅南.教学机智——教育智慧的意蕴［M］.张树英，译.北京：教育科学出版社，2000：106.

教育机智与道德敏感具有内在的一致性，教育机智并非一种技巧和天赋，而是"一种深切的关注"，是教育者"心怀使命感地聆听"，是对"教育召唤"的积极回应，是教师内在的道德敏感在具体教育情境中的完美表现。因而，机智在教育过程中具有重要的积极价值。"它使教育者有可能将一个没有成效的、没有希望的、甚至有危害的情境转换成一个从教育意义上说积极的事件。"[1]

在具体的教育过程中，教师需要"做那些对孩子好的和恰当的事"，始终保持着"对学生的关心取向"，因为"只有当教育者的眼睛和耳朵以一种关心和接受的方式去搜寻孩子的潜力——这个孩子可能成为什么样的人时，教育机智才起作用"。[2]如果教师能够通过"眼神、言语、沉默、动作"等种种教育手段实现其教育机智，那么教育就会产生积极的效果——"保留孩子的空间，保护那些脆弱的东西，防止受到伤害，让破碎的变成整体，巩固好的品质，加强孩子的独特之处，支持个性成长"。[3]

[1][2][3]［加］马克斯·范梅南.教学机智——教育智慧的意蕴［M］.张树英，译.北京：教育科学出版社，2000：172，226，212.

专题五 "不跪着教书"————

——小学教师的道德勇气

制度就是这样的，我有什么办法

　　我一直教小学高年级的语文。送了几届毕业班，突然就发现了一个问题，那几个学习特别刻苦的女孩子都没有长个儿。女孩子长个儿的关键期正好处于五六年级。在她们正好生长旺盛的时候，大量的作业压着她们，导致严重的睡眠不足，而孩子们是在睡眠中长个的。女孩子比男孩子受的影响大，因为女孩子更听话、更用功一些。男孩子比较贪玩儿。

　　刘萌是我最喜欢的学生，学习成绩特别好，作文拿了全国的特等奖。她的爸爸一米八的个子，妈妈个子也很高，可是，刘萌的个子就没有长起来。现在孩子已经大学毕业了，个子还是很矮。孩子各方面都特别优秀，就是因为个子的问题让她很自卑。我每次想到刘萌心里就不好受，觉得对不起孩子。

　　学习是终身的，长个儿就那么几年，可孩子们却因为学习而耽误了长个儿。如果时光能够倒流，我宁可孩子们贪玩儿一点儿，把个子长起来，因为个子耽误了，就耽误了孩子一辈子！

　　可是，话又说回来了，不压着孩子们写作业哪行啊！道理很简单，多做题才能保证正确率，所以，我是我们组里印片子最多的。虽然我知道小学生不应该有那么多作业，可是评价制度就是这样的，我有什么办法！我的教学成绩在区里一直排在前面，成绩好了，领导高兴、家长满意，自己也脸上有光，那谁不奔着成绩去呢？虽然有时候会觉得，这样好像扼杀了孩子们童年的快乐，但是评价制度就是这样的，我一个普通老师又有什么办法呢？①

在这个案例中我们可以看到，这是一个负责任的教师，她尽心尽力地去做一个好老师，然而她也遇到了良心的叩问——我真的是为孩子们好吗？当她发现因为自己布置的作业过多，侵占了学生的睡眠时间，导致学生的生理成长受到影响时，她自责、后悔。然而，她却无力改变自己的行为，在归因于评价制度之后，她将自己作为一个无辜者"释放"了。短暂的良心上的不安，无法改变实际的行动。在无力与无奈之中，她选择适应和服从，让制度的规约和权威的声音掩盖掉内心的声音。这也是很多老师职业生活的真实状态。

在这样的过程中，教师不知不觉放弃了恪守良知的勇气，在现实利益的考量中，选择了一种无痛的"平庸"。这种平庸将教师淹没在环境中，即使环境是不道德的；淹没在周围的人群中，即使人群中所有人的行为在道德上都站不住脚；淹没在制度和权威的压力之下，即使制度和权威并非代表着正义。

看似平静的平庸却为教育埋下了巨大隐患，为学生的未来埋藏了危机。然而，平庸拒绝思考，拒绝想象未来。因为有了思考就会带来痛苦，想象未来就会发现忧愁。因此，这样的平庸是一种"无思之恶"，拒绝对行为的道德合理性进行叩问；这样的平庸是一种"短视之恶"，拒绝对未来进行负责任的承担，仅仅满足于当下的利益考量；这样的平庸是一种"自私之恶"，虽然会找到各种客观理由，但在本质上是教师为了自身而牺牲了学生的利益。

----

① 案例出自作者对一名小学教师的访谈。

是什么令我们日渐失去应有的勇气

在制度和权威面前无奈和无力，并不意味着教师失去了任何坚守的可能。只要我们找回源自内心的道德勇气，就会获得力量，获得行动和改变的内在支撑。因此，道德勇气的存在弥足珍贵，值得追寻。追寻的起点是，我们需要知道是什么让我们背叛了自己，失去了道德勇气？

1.领导的话能不听吗？——权威力量的胁迫

在一些情况下，我被要求更改学生的分数。这样的要求来自校长。我肯定我收到的是书面要求。我不赞成更改分数，那样会对学生造成伤害。但是校长坚持到底。

校长要我使得成绩卡上的成绩变得柔和而不刺眼。他在路上阻止我将未作改变的成绩卡发送出去。他说他不会签发成绩卡。我说，"这是我回家的路"。我不得不温和些，因为他是上司。我没有接受他的要求，而作为这位校长的最后决定，我将不得不在明年底调离学校。[①]

在很多情况下，教师道德勇气的缺失是由于外在权威力量的胁迫。在

---

① ［加］伊丽莎白·坎普贝尔.伦理型教师［M］.王凯，杜芳芳，译.上海：华东师范大学出版社，2011：86.

中国的教育情境中，权威力量的影响更为强大。在集权文化和官本位文化共同影响的学校生活中，"领导说了算"

> 只要美德是一种努力，各种美德就都是勇敢。因为，没有了勇敢，人们就不知道如何去抵御自身或他人身上最坏的东西。
>
> ——［法］安德烈·孔特－斯蓬维尔

成了大家的默契，"沉默的大多数"成为习以为常的状态。但是，良知的声音并非完全沉寂。当教师内心的主张和判断与权威的决断相冲突时，教师是否能够用道德勇气对抗权威，就成为一个专业伦理冲突。伴随着教师专业化的发展，教师的专业伦理需要教师在专业上经得住考量，然而很多教师却常常在明哲保身的态度中选择了妥协和服从。

2. 周围的人不都这样吗！——集体氛围的裹挟

每个人都生活在人群中，自己的言行选择受到群体的影响，教师也不例外。当周围的人都选择一种价值观或行为方式的时候，个体的价值判断和选择，往往会在一种裹胁性的力量中被改变。"枪打出头鸟"，当教师放弃自己"特立独行"的行为方式时，他就会获得一种安全感。也许会有内心的不安，但是相对于因坚持自我而要承担的舆论压力和其他风险而言，"随大流"无疑是最明智的。然而，这样的"明智"在保全自身利益的同时，无疑是以牺牲其他利益为代价

> 在一个不道德的学校里，一个人能否成为道德教师？
>
> ——［加］伊丽莎白·坎普贝尔

的——或者是学生群体的长远利益，或者是学生个体的具体利益。无论如何，这样一种沉浸于群体之中的安全，所付出的道德代价是明显的，很多时候还是沉重的。

在日常教育实践中，经常听到老师们说出这样的话：

周围的人都收礼，就你不收，你不傻帽吗？

周围的人都拼命给学生多留作业，你不多留，你就吃亏。

周围的人都这么惩罚学生，我没觉得有什么不合适的。

别的班主任都占用音体美，你不占，别人会觉得你太各色。

周围的人都在这样做，就是我们这样做的充足理由吗？很多教师对周围人的做法缺乏批判和反思，盲目与大家保持一致的结局就是自我的平庸和懈怠。在向周围人看齐的过程中，原本反对体罚的教师开始体罚了；原本坚持让孩子们写作文的老师，开始训练他们写"考文"了；原本坚守底线、不收家长礼的教师，胃口越来越大了。缺乏了独立的道德思考和批判而选择了从众，大家的价值越来越一致，教育所蕴藏的危机也越来越令人不敢想象。稀缺了"众人皆醉我独醒"的道德清醒者，就缺少了一面能让我们在道德上看清楚自己的选择的镜子。

3. 干吗跟自己较劲呢？——自我理想的放弃

教师放弃道德勇气并非全部与外在的力量相关，还与教师自我对专业理想的追求有关。选择了平庸的教师，往往放弃了理想而选择做一个现实主义者。非但如此，他甚至还会转而嘲笑那些怀抱理想的人。于是理想主义者越来越少，平庸的现实主义者越来越多。教育在本质上是对一种可能性的实现，没有理想的教育是无法想象的。而教育的理想一定是通过教师的理想实现的。因此，教育是一种朝向理想的持续努力，是教师经由道德努力而达成教育理想的过程，而这一过程中就需要教师以其道德勇气超越和改变现实。

人们说"成功就是自己与自己的较量"。教师需要拿出勇气去改变习以为常的惯性力量，改变自己在知识、能力与观念上的局限，努力实现一种破茧成蝶、凤凰涅槃的改变，以自己的改变带动教育的改变，最终达成学生的改变。然而，很多教师选择了向自我妥协，"干吗自己和自己过不去啊，差不多就行了"，这一方面是一种"知足常乐"的生活哲学，另一方面也是制约我们让自己变得更好的桎梏。因此，在向内用力的层面上，道德勇气意味着教师是否有勇气改变，是否心怀理想，实现教育应有的美好状态。

道德勇气是怎样的勇气

教师的道德勇气是指教师面对来自外部以及内部的对抗性力量时，仍然能够倾听良知的声音、坚守正确的道德立场的精神力量。

教师的道德勇气是一种道德选择。在复杂的现实环境中，面对真与假的混淆、善与恶的错乱、利与义的纠缠、自我与他人的冲突而进行选择，需要巨大的勇气和智慧，挑战和印证着教师的道德勇气。道德勇气总是在选择中凸显出来，选择同时意味着放弃，所以道德勇气的实现总会伴随着教师的痛苦和代价。由此可见道德勇气实现的艰难，因其艰难，愈加珍贵。

教师的道德勇气是一种求真的勇气。教育现实之中常常上演"皇帝的新装"，面对虚假，没有人敢说出那句真话。在寓言故事中，说出那句真话只是让皇帝丢了面子，而在教育中，说出真话也许能够挽救无数个学生的命运。小学教师心里都清楚，童年应该有更多的闲暇和快乐，可是当"多留作业出成绩"成为"真理"，大家就会放弃教育的初心。所以，教师的道德勇气是一种对教育之真的寻求和达成。

教师的道德勇气是一种弃利的勇气。金钱与利益的诱惑常常令人难以抵挡，当我们被诱惑引导而误入歧途，就会感到一种深深的焦虑和忧伤。我们在追逐利益的同时，失去了底线，失去了"好老师"的自信和坦荡。此时，就需要教师坚守道德勇气，在炫目的诱惑面前沉静，在失去利益之后坦然，

"安安静静守着自己的疆土"，始终走在一条属于教师的沧桑大道上。

> 在暗淡和非支持性的环境中，优异的教师努力实现道德上的特殊目标；尽管有道德上健全的学校生活保障，败德的教师隐秘地为了个人的利益使用权威的角色。
>
> ——［美］山姆·英特拉托

教师的道德勇气是一种拒绝"自我分离"的勇气。

在教育的改革潮流中，有种种内外在的力量需要教师去适应或者迎合。学生要求轻松，家长要求严格，校长要求成绩；教学要求热闹互动，教案要求规范统一，考试要求周考月考多多考……在各种各样的要求中，教师常常会失去自我，无所适从。有道德勇气的教师则会在纷繁复杂的教育现象中，凸显自我的思想和判断。无论是制度的要求还是权威的压力，教师都要用自己的头脑进行过滤，维护自己心中的教育，保护学生不在其中受损。此时的教师就是拒绝过一种"自我分离"的教育生活，努力保持内心的自我完整与和谐。这正是帕克·帕尔默所说的："要不再分离地生活，就是要为自己的生命寻找新的中心，一个游离于体制及其要求之外的中心。这并不意味着人脱离体制，人可以留在岗位上；但这的确意味着人的精神离开体制而独立。人必须找到一个能使其站立于制度之外的坚实基础，找到他自身存在的根基，依靠这个根基，他可以更好地抵制组织的价值变成他的内在生命景观时所发生的扭曲。"①

---

① ［美］帕克·帕尔默.教学勇气——漫步教师心灵［M］.吴国珍，等译.上海：华东师范大学出版社，2005：166.

勇者无惧——教师道德勇气的实现

教师道德勇气的实现不仅需要勇气，还需要教师的淡泊超然，需要教师的坚韧勇敢，需要教师挺拔的脊梁，需要教师始终仰望蓝天和理想。

1.勇于放弃，冲破利益的"牢笼"

学校常常处于复杂的利益冲突情境之中，对教师的道德立场形成了真实的挑战和考验。很多时候，学校的利益、同事的利益、学生的利益以及自己的利益交织在一起，令教师难以判断和决定。在物欲横流的现实社会中，金钱的诱惑往往令人难以抗拒。然而，金钱一定是用来交换的，重要的是交换的是什么。"君子爱财，取之有道"的古训，短短八字，做到却极为艰难。此时，就需要在诱惑中能固守，在清贫中能笃定。知识分子的"穷酸"，虽是被人耻笑的描述，但穷酸中的那份清新和高贵却是独属于这一群体的标志，其中虽有苦涩，却给人深深的尊严和骄傲。这是一种"不跪倒在馒头面前的骄傲"，这是一种像行吟诗人一样旷达超脱的骄傲。这份骄傲的赢得和守护需要教师的道德勇气，需要教师的道德坚韧。

教师节来临的时候，有的老师会暗示学生和家长给自己送礼，有的老师却义正词严地告诉孩子们，"谁给老师送礼，谁就违纪"；面对推销保险的人送来的回扣，有的老师欣然笑纳，有的老师婉言拒绝；面对辅导班的高额收入，有的老师趋之若鹜，有的老师静守三尺讲台。在利益面前，教师始终拥有选择的空间。舍与得之间，教师或者成为真正的教师，或者只剩下"教师"的头衔。而其中的差异，就是教师是否具有道德勇气——有勇气拒绝财富，有勇气驳人颜面，有勇气承受清贫之苦，有勇气承受"伤人"之伤。冲破利益牢笼的教师，放飞的是自己的精神，赢得的是自己对自己的尊崇。而被利益捆绑的教师，可能在收益满满之后，若有所失——失去师生关系的单纯，失去学生发自内心的敬重。教师的道德勇气，也包括用于思考和面对自己的得与失，对得失的了然于胸与坦然释怀也许能够给教师更多的勇气去舍弃、去获得。

2. 勇于担当，发现庄严的使命

在日常专业生活中实现道德勇气需要教师坚持"学生第一"的原则，也就是要在各种相互冲突的利益中，把维护学生利益放在首位。教师能否具有这样的道德勇气，取决于教师对自己教育使命和职责的理解深度。也就是说，支撑教师道德勇气实现的，是教师深刻的责任感和使命感。苏联教育家阿莫纳什维利在《孩子们，你们生活得怎样？》中，极好地演绎了教师如何通过富有道德勇气的行为，对不负责任的父亲进行"教育"，从而保护孩子们不受伤害。

我要把瓦扎最近写的一篇作文交给他的爸爸去读一读。瓦扎在作文里写道：

"每天入睡前我都喜欢跟妈妈闲谈一会儿，我告诉妈妈学校里发生的种种事情，妈妈给我讲她自己工作单位里的事情。每当我问妈妈，为什么爸爸不回家，妈妈总是说：'大概是我委屈了他！'可是我知道，她讲的并不是真话。是爸爸欺侮了妈妈。我听人说，爸爸爱上了另外一个女人，后来他跟妈妈大吵了一场，就离家出走了。我问妈妈：'如果你爱上了别的男人，也会像爸爸一样，丢下我不管，离家出走吗？'妈妈说：'傻孩子，你是我的心肝宝贝，我怎舍得把你一个人丢下不管呢？'但为什么爸爸会丢下我不管呢？我需要的是爸爸本人回家来，可他却只是给我寄些礼物来。过去我很爱爸爸，可现在我自己也说不清楚，我还爱不爱他。"

……

他正在失去自己在教育儿子方面的良好的影响力，而更糟糕的是——他正在丧失儿子对他的爱。我将直截了当地、坚定地、坚决地、严厉地对他说（因为我很了解造成这种局面的原因、家庭成员的性格）："也许，您寻欢作乐得太过分了，现在该带着儿子的这篇作文回家去了，去向您的儿子和妻子——一个真正爱着您的和忠实于您的女人——赔礼道歉，请求他们宽恕您使他们遭受了痛苦，行不行？……"……我不能容忍他们摧残儿童的心灵。

……

我有权利与家长，尤其是与爸爸们进行这样的谈话和这样的交往吗？也许，他们会对我说："亲爱的老师，您为什么要来干涉我们家庭的事、我们的私事呢？没有您的责难和道德经，我们已经够难以应付的了！您最好还是去干您自己在学校里的正经事吧！"

不，他们没有权利对我说这种话！

我不只是一个教师，不只是一个教育者，我是受儿童和国家所信托并委以全权的人。儿童和国家把培养新人——未来一代的事业托付给了我，我不容许任何人，其中也包括家长，来阻扰我实现这一任务。保卫儿童，为他们每一个人缔造无限美好的命运——这是我的头等大事，是我的职业义务，而最主要的——这是我的使命。

这就是我的权利的根据所在。①

阿莫纳什维利老师就像一位张开双臂的英雄，竭尽全力去与一切有可能伤害孩子的力量作斗争，甚至包括孩子的父母。他超越了一己私利，冒着被父母不理解甚至反感的风险去保护孩子们。这种无私无惧的道德勇气在当下"明哲保身"、"多一事不如少一事"的庸俗利己主义文化中，显得尤为稀缺和珍贵。作为学生利益的捍卫者，与各种威胁学生健康成长的事与人斗争，是教师需要担当的迫切责任，而这种责任的担当需要教师具有足够的道德勇气。

> 勇敢不是知识，而是决心；不是信念，而是行动。
>
> ——［法］安德烈·孔特－斯蓬维尔

3.勇于思考，坚持理性的批判

道德勇气的实现，还需要教师具有一种追求真理的精神和气质，在日常教学生活中坚持应有的理性批判和反思，做到吴非老师所说的"不跪着教书"，在精神上傲岸挺立，在坚持真理的过程中实现正直教学，实现对学生理性的启蒙和科学精神的培养。"如果教师没有独立思考的精神，他的学生

---

①［苏］ω·А·阿莫纳什维利.孩子们，你们生活得怎样？［M］.朱佩荣，高文，译.北京：教育科学出版社，2002：140-142.

就很难有独立思考的意识。面对一本教参，他不敢说'不'；面对外行领导的错误指责，他会立刻匍匐在地。教师丧失了独立思考精神乃至丧失尊严，能靠他去'立人'吗？语文教师不能跪着教语文，如果教师是跪着的，他的学生就只能趴在地上了。"① 教师"跪着"、学生"趴着"是教育的悲哀，甚至会成为国家的灾难。因此，在弥散的冷漠和麻木面前，我们需要"铁骨铮铮的教师"，以培养精神独立、果敢担当的学生。

郭初阳老师无疑是坚持批判和反思的教师典范。他和自己的三位同事，以草根的身份对小学语文教材中的问题和谬误展开批判，出版了专著《救救孩子：小学语文教材批判》。这是民间第一次对小学语文教材进行全面、系统的专题性梳理。其标志性意义在于，它为教师如何使用教材提供了可资借鉴的范本。教材并非不容置疑，教学也绝非教材全面合理化的过程。在课堂上，师生需要更多真实的、开放的对话。这就需要教师以平等的眼光来对待教材，以专业的眼光来审视教材，以敞亮的心态来对待孩子的困惑和疑问。而这也恰恰是诸多课堂存在问题。

在郭初阳老师看来，"优秀的老师应该执教于一套尚未存在的教材——这套教材的每个文本都是好的，但是在目前情况下无法变成一套广泛使用的教材，但你是一个有理想的老师，你应该来做建设性的工作。"这正是教师的道德勇气最重要的体现。

---

① 吴非. 不跪着教书［M］. 上海：华东师范大学出版社，2004：35.

民间团体痛批小学语文教材四大缺失

张晓鸽

近日，一本名为《救救孩子：小学语文教材批判》的新书引起广泛关注。该书以教材点评的方式，刊发了一个名为"第一线教育研究团队"的民间研究团体的研究报告，提出了现有小学语文教材中文章存在的诸如内容失实、篡改经典等问题，发出"救救孩子"的呐喊。

他们分别针对目前小学教师中使用较广的三个版本教材——江苏教育出版社、人民教育出版社、北京师范大学出版社里有关母亲的课文进行分析。

通过对 3 套教材的梳理、核实和审视，他们认为，现有的小学语文教材存在四大缺失：

经典的缺失

报告指出，这 3 套教材中有关母亲和母爱的文章，来自经典的文本并不多，且时有篡改。苏教版共 17 课，只有 4 篇可称经典。北师大版的 24 篇课文中，只有 4 篇经典。人教版的 22 篇课文中，只有 2 篇经典。

儿童视角的缺失

报告指出，仅就这 3 套教材的课文来看，大部分都重在说教，极少有真正符合童心、富有童趣的。处处都是教育与禁止。

快乐的缺失

在苏教版 17 篇课文、北师大版 24 篇课文、人教版 22 篇课文中，快乐并不多见。最不快乐的孩子，莫过于人教版《玩具柜台前的那个孩子》。"只要看到谁买小汽车，他就马上跟过去，目不转睛地盯着柜台上跑动的小汽车。可是他得不到他心爱的玩具，他还必须懂事，必须分担父母的生活之

重。有什么能够安慰这位貌似坚强的孩子孤独的心灵呢？"

事实的缺失

"第一线"团队对文本真实性的看重，几乎到了"苛刻"的程度。报告认为，"可以讲不好故事，也可以不那么快乐，但捏造事实就显得十分荒唐。但是现有的小学语文教材中却有许多篇目内容失实，不符合历史与常识。"（有删节）

"童心不可蒙骗，教材不可编造"，带着这样的信念，普通的一线语文教师完成了令人尊敬的教材批判。这正是教师道德勇气所形成的巨大的力量。

4.勇于作为，追求专业理想

教育能够激发和实现学生无限可能的人生。实现这一教育理想状态的前提是教师能够以自身的勇气超越自我，让日常平凡的教学生活被理想牵引，带着激情与学生共享教育过程，这正是教师追求理想的道德勇气所能产生的状态。雅斯贝尔斯曾经指出，"真正具有勇气的人是这样的人：他由一种关于可能性的焦虑感所激励，努力达到这样的认识。只有尽力去为不可为之事，才能达到可能性。唯有经验过充分实现之不可能性的人，才是有能力承担属于自己的任务的人。"

教师道德勇气常常在矛盾冲突的教育现实中凸显出来。教育的现实与理想总是存在着巨大的差距，面对这种差距，很多教师选择向现实妥协，放弃对教育理想的追求。理想与现实最激烈的冲突，表现在应试教育下体制对于显性分数的过度强调，对于学生全面发展的忽视。在教师的日常教学生活中，就表现为教师理想的课堂状态与应试应考状态的不同。一位教师讲到，理想的语文课应该是师生共同沉浸在文学的意境之中，感受语言的美丽，体悟人性的美好。然而在应试的要求下则是听写生字、背诵词句、按照参考答案记忆主题思想。语文课被肢解为凌乱的知识点而失去了应有的色彩。在这种状态下，教师和学生都无法体验到理想的教育状态。

具有道德勇气的教师会聆听良知的召唤，按照对学生未来成长有益的方式展开教学生活，虽然可能会遇到种种困难，虽然可能需要承担额外的责任和奉献，但是道德勇气及其所形成的坚定和自信能够支撑他们不断抵及教育的理想，抵及自己作为教师的专业理想。《第56号教室的奇迹》中的雷夫老师，无疑是一位富有道德勇气的老师，或者说，他之所以能够在一间贫民窟的教室里创造奇迹，是与他非凡的道德勇气密切相关的。

我总是提醒学生：一生中最重要的问题，永远不会出现在标准化测验上。不会有人问他们第56号教室所重视的议题："品格"、"诚信"、"道德"与"胸襟"。我们为什么会如此漠视这些重要的人生课题？或许是因为稍稍提高分数很容易，教导诚信和道德难度却很高。然而，我们如果想培育非凡的学生，就必须正视这些议题。在一个课堂中强调"测验分数就代表自己"的年代，身为大人的我们必须付出更多努力，去让孩子们知道测验分数不过是他们人生中很小的一部分，人格品性才是教育的本质。①

正是基于这样的价值观，雷夫老师在日益强调标准化测试成绩的教育现实中坚持追求着自己的教育理想——"我要教孩子们终身派得上用场的东西"。他带领学生大量阅读，努力培养终身阅读的孩子；和孩子们一起排练莎士比亚的喜剧，让孩子们感受语言的力量和团队合作的乐趣；带领孩子们

---

① [美]雷夫·艾斯奎斯.第56号教室的奇迹［M］.卞娜娜，译.北京：中国城市出版社，2009：76.

一起观赏伟大的电影，帮助孩子们建立优秀的品格；和孩子们一起玩摇滚乐，感受音乐的力量和内在的激情……

我想教孩子们终其一生都派得上用场的技能。……我相信热爱阅读的孩子将拥有更美好的人生。这个目标并未列在我们加州的课程标准上。阅读评估可以从标准化的测验分数开始，但我们最终必须用孩子们在发自内心阅读时发出多少笑声和留下多少泪水来衡量他们的阅读能力。笑声和泪水可能不会列在各州的阅读标准上，却是第56号教室的标准。这些孩子们将终身阅读，为人生而读。①

雷夫老师像绝大多数中国教师一样面临着标准化测试与理想教育目标实现之间的冲突，但是他没有抱怨、没有妥协，而是竭力寻找努力的空间和可能性。在课程标准和课表上没有阅读课的情况下，他每天早晨比其他老师提前一个小时来到学校教学生阅读。他用超出常态的努力去创造教育的奇迹，在困境中不放弃对教育理想的追求，支撑他的正是基于教育信念的道德勇气——坚守自己对教育本质的理解，坚守真正对孩子们终身有益的教育内容和方式，以坚韧的努力对孩子们的终身发展负责，而不是停滞于眼前的标准化考试目标。

夏山学校的创办者尼尔先生无疑也是具有道德勇气的先驱者。他看到现实学校教育中的种种弊病，并没有沉湎于抱怨，而是立志要"创造一个不是让孩子们来适应学校，而是去适应孩子的学校"。他提出了富有个性的教育目标：适合成为学者的就把他培养成学者，适合做清道夫的就培养成清道

夏山学校
Summerhill

---

① [美]雷夫·艾斯奎斯.第56号教室的奇迹[M].卞娜娜，译.北京：中国城市出版社，2009：42.

y

专题五 "不跪着教书" 111
——小学教师的道德勇气

夫，与其培养一个不快乐的学者，不如培养一个快乐的清道夫。在夏山，他让孩子们在自由中发现自己，甚至让一个小女孩游荡了三年，直到她有了走进教室上课的冲动。这样一种教育理想的实现无疑会遇到种种质疑和困难，然而夏山学校能够坚持办学百年，将一种理想不折不扣地落地生根，正是坚持了道德勇气，不妥协，不放弃。

5.勇于不为，坚守教育之真

　　道德勇气的实现需要教师在一些教育情境中敢于说"不"，敢于拒绝某种潮流和时尚，以清醒和理智坚守教育的科学性，遵循教育的规律而不是遵循外在的功利。一位一年级语文教师在谈及教育改革时，认为一些不合理的教辅材料非但没有增强孩子的学习兴趣，反而让孩子产生挫败感和厌学情绪，有害而无益，令人忧虑重重。她所说的是学校让订阅的语文课外阅读资料《童年书架》，相对于一年级孩子的识字量和阅读量而言，里面有大量的生字，学生在阅读中总是会遇到很多不认识的字，阅读没有成为一个享受快乐的过程，反而成为一个积累挫败感的过程。结果就是孩子们越读越不愿意读，老师为了完成任务就会逼迫学生去读，厌学情绪随之产生。在这样的教育过程中，老师可能会感觉到纠结和困扰，但是却没有足够的勇气说"不"。妥协的背后就是道德勇气的缺失，教师没有站在专业伦理的立场上去审视自己的行为选择。

　　另一位小学语文老师则选择了一种"扛着"的态度。在现实的困境中，她无法选择显性的直接对抗，但这并不代表她不去坚守自己的立场。她用自己的方式去保护孩子们，去坚持教育的科学与规律，为孩子们创造快乐的童年。

今天下午开会讨论确定研究课题，晨诵内容、前置小研究、阅读卡、自主学习单，听着就头晕，啥时候让孩子们写呢？如此之

> 伦理学并不总是某个中立系统中的不受约束的个人选择。教师从来没有完全自由选择的奢求。与之相反，他们常常在很不道德的学校和体制中努力做一个有道德的人。
>
> ——［加］伊丽莎白·坎普贝尔

多，应接不暇，哪怕有再大的好处，对于二年级的孩子未免负担实在过重。我决定不下发，维护孩子的学习兴趣。呵护孩子身心健康更重要。把时间空出一些，还给孩子，我努力去做。至于领导那边，只能扛。我天天跟着孩子，不能为自己完成领导任务而不顾孩子负担。我知道自己软弱无力，无人能听，但还得坚持自己，做对的事情。

这是一位非常负责任的老师，对于学校的"增加学生负担的要求"，她也只能是在自己能力所及的范围内"扛着"，以保护孩子们，也保护自己内心的信仰。对于如何以更大的道德勇气去与领导者探讨教学改革，使教学改革更加科学合理，却难以做到。

《新世界纪事报》的记者珀西·莱特正在调查一桩最近发生在新世界西区小学的事件。这个事件涉及一个二年级的老师艾琳·凯恩布雷克。由于凯恩布雷克拒绝执行学区最近通过的小学数学课程大纲，所以新世界（西区小学）正在考虑对她采取惩戒措施。新的课程大纲要求向二年级的学生教授分数导论，并制定了一个具体的测验计划，以考查学生对包括分数在内的各种数学技巧的掌握情况。凯恩布雷克女士在尝试进行了该课程的教学之后，不愿再继续下去了。在她写给西区小学安琪拉·多默校长的解释信中这样说道，凭借她的职业判断，大多数二年级学生还无法理解分数，而且，要求他

们掌握这些超出他们能力范围之外的知识，还会让他们产生挫败感，这种挫败感已经影响到他们在其他领域中的表现。如此一来，她的课堂将不再是一个快乐的地方。

因此，她决定不再按照学区的规定来讲授这门课程。在接受访谈时，她谈到"我不能允许自己用这种明显对班上孩子有害的方式去进行教学，即使是迫不得已也不行。这是我的首要职责。当我已知这对我的学生有害的时候，我仍然按照课程大纲所要求的去做，那是不道德的。"①

在这一案例中，凯恩布雷克老师本来可以和所有的教师一样默不作声地执行上级的教学改革要求，但是她没有这样做。她将对学生负责的专业使命放在首要位置进行考虑，并且基于自己的专业判断作出明确的道德选择。虽然，她会因此而面临一些困难和问题，但是她在众多价值考量中，选择了学生的价值和利益。这正是教师道德勇气最核心的支撑因素。

当制度或学校仍旧顽固地维持不道德状态的时候，教师个体必须鼓足勇气，坚持伦理上正当的行为，即使因此遭受人身或专业上的痛苦。因此，教师需要在伦理追寻中鼓足道德勇气，成为自己能够成为的最好的教师。

在很多时候，教师仅仅做一个好人是不够的。每个人还必须意识到善良如何反映在每天的目的、抉择和行动中。也许更有意义的是，每个人需要意识到，面对日常生活中彼此冲突的需求、期望、困惑、政治压力和他人施与

---

① ［美］肯尼思·A·斯特赖克，乔纳斯·F·索尔蒂斯.教学伦理［M］.洪成文，张娜，黄欣，译.北京：教育科学出版社，2007：114.

的压力，脆弱的善良如何可能。① 而坚守善良所需要的正是教师对道德勇气的坚持。以勇敢的心，实现善良与公正，这是当前学校环境对教师专业伦理的迫切呼唤。善良和正直并非轻而易举就能够实现，需要巨大的勇气去突破各种束缚和对抗性的力量。教师的专业伦理不是在温床上实现的，而是在斗争中实践的。

---

① ［加］伊丽莎白·坎普贝尔.伦理型教师［M］.王凯，杜芳芳，上海：华东师范大学出版社，2011：中文版序.

专题六　善用生杀予夺之权

——小学教师的惩戒之善

惩戒——或唤醒天使，或制造魔鬼

　　在电影《放牛班的春天》里，面对一群性情顽劣的男孩子，学校频繁使用各种惩戒手段，被惩戒成为孩子们生活中的"家常便饭"。在充斥着惩戒的学校生活中，有的惩戒方式唤醒了孩子成为好人的愿望，而有的惩戒则将孩子逼入报复整个世界的绝境。之所以会有这样的天壤之别，根本原因就是惩戒本身是否是善的，是否包含着教育者对孩子的爱和尊重，学生是否理解了这份尊重和爱。如果惩戒本身蔑视了人，就会把原本可以成为人的变成恶魔；如果惩戒充满人性的温暖，就会把恶魔拉回人间，成为善良的天使。

　　在这部电影中，小男孩乐科克想和马桑大爷"开个玩笑"，没想到，马桑大爷却因为他的恶作剧而严重受伤。马修老师本来想把他交给校长处理，可是当看到校长对学生的严酷体罚之后，他改变了主意。他让乐科克到医院照顾马桑大爷，直到完全康复。孩子对马修的保护和宽容心存感激。当孩子在医院照顾马桑大爷的时候，马桑大爷夸他是个懂事的好孩子。当马桑大爷的病情恶化，需要转医院的时候，孩子的眼睛里充满了担忧。他充满忧虑地问马修老师，"他会死吗？"马修把孩子拥在怀里，安慰他，"不用担心，他们一定会竭尽全力治好马桑大爷的。"

　　在这一刻，孩子的心是善良、敏感、柔软的，此刻的心和恶作剧的时候对他人痛苦的漠不关心，已经完全不同了。马修老师没有用体罚去惩戒孩子的恶性，而是为孩子提供机会，让他能够用善行去弥补自己的过失，让他在付出善良的过程中体验到善良的美好。他在照顾受伤的老爷爷的过程中，体验到了老爷爷的痛苦，体验到了帮助别人的快乐。他不再把自己的快乐建立在别人的痛苦之上，他开始有了同情心，开始为老爷爷病情的加重而担心。苏霍姆林斯基曾言："教育的全部奥秘，就在于点燃一个人成为好人的愿望。"马修老师带着对人性之善的信念，用善良的方式"惩戒"，成就了一个孩子向善的路。

在《放牛班的春天》中，蒙丹是最具挑战性的"邪恶少年"。即使对待这样几乎冥顽不化的少年，马修仍然希望做些积极的努力，使其走在正确的路上。而校长哈桑则用错误的惩戒方式将蒙丹逼入仇恨的绝境。校长的10万元恰巧在蒙丹出走的那一天丢失，校长认定蒙丹就是偷钱者，而蒙丹拒不承认。在这种情况下，校长用暴怒的殴打惩戒他，希望他在暴力面前屈服。而事实却是，蒙丹在忍无可忍的情况下开始还手，跟校长扭打在一起。最后，蒙丹被警察带走了。在被带走的那一刻，他回头冲着马修笑了。那是一个耐人寻味的笑。后来，马桑大爷在厕所打扫卫生时，发现了丢失的那10万元，事实证明是另外一位少年所为，并不是蒙丹。蒙丹是被冤枉的，而此时的校长却不为自己的行为后悔，不去替蒙丹澄清事实，而是固执地说："像蒙丹这样的人迟早会偷钱，会犯罪

唯一真正合乎德性的约束，是因为做错了事，应受惩罚而感到羞耻。

——［英］约翰·洛克

的。"也许他的预言是对的，蒙丹最后用自己的方式回应了他的预言，蒙丹一把火点燃了这个令他蒙羞受辱的学校，以报复校长。被冤枉所激起的复仇怒火，使蒙丹把魔鬼的一面表现得更加彻底、更加可怕。蒙丹是有种种行为问题，但是如此强烈的仇恨和报复心，却是由教育者的偏见和残酷一手造成的。

教师惩戒之善恶

在前面的案例中，马修老师和校长哈森同样使用惩戒，而最终的教育效果却相去甚远。之所以会有如此的教育差异，最根本的原因是两个人的惩戒行为有着质的差别。马修老师本身是善良的，处处想着如何保护孩子们内心善良的种子，如何激发他们内心的美好和潜质。他所有行为的出发点都是为了让孩子们变得更好，希望唤醒他们每个人内心深处的那颗天使般的灵魂。所以，他选择仁慈、宽恕、容忍、退让，以最柔、最暖的方式软化刚硬和温暖冷漠。正所谓"至柔者至刚"，他的内含着积极期望和信任的善的惩戒方式能够触动孩子们的内心，唤醒他们成为好人的愿望，最后马修老师在孩子们的眼神中发现了神奇的变化。而哈森校长则把自己的管理方便以及职位升迁放在最重要的层面，只要有错就惩罚，其最常用的就是关禁闭和体罚。惩罚的禁忌是滥用惩戒，不遵循公正和适当的伦理原则。比如马桑大爷受伤后，哈森校长在追查谁是肇事者的过程中，让马修老师随意点一个孩子作为替罪羊受惩罚；在蒙丹偷钱事件中，在没有确凿证据的前提下，他就对蒙丹实施体罚，查清事实之后仍不能出于良知站出来为蒙丹洗清冤情。正因为善的缺失，校长实施的惩戒不是让人变得更好，而是把好孩子推向了"以恶还恶"的毁灭循环中。

恶的惩戒一定难以达成善的教育效果，这是教育中的一个基本定律。

因此，教师的惩戒之善意味着教师基于善的目的，遵循教育伦理原则而运用教育惩戒，并达成了善的教育效果。惩戒是否是善的，最核心的评判标准就是惩戒本身是否达成了善的教育效果。事实上，惩戒的效果并不总与惩戒的初衷相一致，有时候甚至事与愿违。根据惩戒效果的不同，可以将教育惩戒分为教育性惩戒、非教育性惩戒和反教育性惩戒三种不同的类型。

教育性惩戒是基于教育的目的，遵循学生成长与发展的客观规律，实施恰当的惩戒并达成了预期的教育效果。惩戒的过程并不是为了制造学生肉体或精神上的痛苦，不是为了"整学生"、"治学生"，而是给学生自我反省并承担自己错误责任的机会，让学生在错误中成长。教育性惩戒秉持人性本善的信念，保持对人的自我教育能力的信任，用宽容和积极的方式给人反省和改错的机会，从而令错误成为促人成长的契机。

有这样一个孩子，在上小学时候，有一天，他忽然想亲眼看看狗的心脏是怎样的。于是邀了几个男孩，偷偷地套住校长最喜欢的狗宰杀，把内脏一件一件地剥离、观察。校长知道后很恼火，决定惩戒一下：让为首的男孩画一幅人体骨骼图和一幅血液循环图交给他。当两幅图交到校长手上时，校长觉得他画得很好，对错误的认识也比较诚恳，杀狗事件就以这样的方式结束了。后来，这个男孩成了著名的解剖学家，获得了诺贝尔医学生理学奖。可以说，是校长富有智慧的惩罚，保护了一个诺贝尔奖获得者内在潜质的萌芽。

非教育性的惩戒是指那些既不庄重，也不深刻，轻描淡写、随心所欲实施的惩戒，其对学生没有多少教育意义，也谈不上什么伤害。那些被教师轻易使用并且滥用的惩戒方法往往属于这种情况。例如，对于上课经常违反纪律的学生，一些老师常用的方法就是让他们在走廊罚站。而当学生对这种惩罚方式习以为常，他们会在走廊上继续玩，并不觉得什么。当罚站成为"家常便饭"，这种惩戒方式既带不来羞耻感，也难引发悔愧心。教师只是避免了课堂被干扰，而并没有从根本上对违纪学生实施有效教育。教师不去深入了解他们为什么会违纪，不去触及他们的内心进行激发和引领，不去了解他们学习上的真实困难并给予帮助——这需要教师投入更多时间和精力，而类似罚站这样的惩罚，简单方便并且能立竿见影。然而，教育里没有捷径。简单方便的惩罚就如沙地画画，很难在学生心灵中留下深刻的教育影响。没有用心的惩戒，也难以抵达学生的心灵，难以产生应有的教育性。

反教育性惩戒是指有些惩戒因为缺乏公正和仁慈，或者在时间、方式、程度等方面实施不当，反而造成反教育性的后果。在新加坡电影《小孩不笨》中，主人公杨学谦因为携带黄色光盘并和老师发生冲突，受到在全校师生面前被公开鞭笞的惩罚。这种同时造成肉体伤害和舆论压力的惩戒方式，给学生的内心造成了巨大的伤害。杨学谦原本是一个品学兼优的学生，但在被惩罚的当天，他含着眼泪在自己的博客中写下了唯一的一句话——杨学谦已死。从此他改变了，走向了与学校和老师实施惩戒的初衷完全相反的方向。他开始接触社会上的小混混，并且参与偷盗甚至抢劫。本来学校希望实施惩戒，使其认识错误、改邪归正。然而，不恰当的惩戒方式严重伤害了他的自尊心，而使他对学校和老师产生抗拒感，甚至是一种绝望，最终走向相反的方向。这样的惩戒效果是反教育性的。

可见，教育惩戒的初衷和结果并非总是一致，这就需要教育者反思如何使惩戒本身具有教育性，确保产生良好的教育效果。

寻找惩戒之善的边界

为了实现惩戒之善，实现其应有的教育价值，我们需要为惩戒划定边界。惩戒的实施会触及三个层面的边界，即法律边界、伦理边界和教育边界。其中法律边界是底线边界，属于不可逾越的"雷池"，是规范教师惩戒行为的刚性标准。而伦理边界则处于中间层次，存在一些模糊地带，需要教师良知的调节，会受到不同教师思想道德境界的影响。教育边界则是高尚意义上的边界，在不触犯法律、不违背伦理的前提下，教师的惩戒还要实现理想层面的教育效果，通过规范和约束性的惩戒，使学生的行为朝向更完善的方向发展，使学生的潜能和价值得到更好的激发和触动，达成一种充分而全面发展的教育状态。

1. 不可触碰的底线：法律边界

教师在实施惩戒的过程中，在最底线的意义上，应该做到知法守法。教师应知道法律对于教师实施惩戒的相关要求和规定，做到"不越雷池半步"。很多教师或者不知法或者"知而不守"，从而作出违背法律的行为，对学生的身心造成不可逆转的伤害，也对自己的职业生涯造成毁灭性的打击。关于教师对学生实施惩戒的问题，《中华人民共和国未成年人保护法》中给出了明确的相关规定。

　　第二十条　学校应当与未成年学生的父母或者其他监护人互相配合，保证未成年学生的睡眠、娱乐和体育锻炼时间，不得加重其学习负担。

　　第二十一条　学校、幼儿园、托儿所的教职员工应当尊重未成年人的人格尊严，不得对未成年人实施体罚、变相体罚或者其他侮辱人格尊严的行为。

　　学校、幼儿园、托儿所教职员工对未成年人实施体罚、变相体罚或者其他侮辱人格行为的，由其所在单位或者上级机关责令改正；情节严重的，依法给予处分。

　　需要指出的是，关于教育惩戒问题，法律中虽然有相关规定，但是却不够明确和具体，教师在教育实践中无法清晰地区分"正当惩戒"与"变相体罚"，导致教育实践中的迷茫和困惑。因此，对于教育惩戒的法律边界，立法部门需予以明确或由相关司法部门予以更加清晰的解释，也需要教师在内心有更清晰的理解。

2. 倾听良知的回响：伦理边界

　　教育问题总是与伦理问题如影随形，教育惩戒更是与伦理密切地交织在一起。在这里，伦理学中的动机论和效果论，能够较好地说明教师惩戒的伦理边界问题。很多老师所秉持的是"只要我是为了你好，我打你骂你都是正当的"，在"爱的名义下实施着伤害"。这种类型的老师只关注自己善的动机，而不重视善的结果，从而造成了哈耶克所说的现象——"通往地狱之路常常由善意铺就"。

　　为了让学生对自己的错误进行深刻反思，有教师让五年级的小学生写出1000字的检查。老师只是想到了自己的初衷，但是却没有考虑到1000字对于五年级的孩子意味着什么，不能了解孩子的压力和痛苦。在这个极端的案例中，最终的结果是孩子选择了跳楼自杀。善的初衷造成了无法挽回的恶的结果。如果只有惩戒而没有心与心的交流，孩子就只能感觉到被惩罚的冷漠，而体会不到教师的期望和关心。教育过程中温暖的缺失，无疑导致了孩子的失望甚至绝望。教师简单地使用了惩戒，却没有在伦理的意义上给予温暖和希望。

与之相反的另外一种类型的老师关注的是惩戒的效果，他们通过各种方式和手段达成教育应有的目的和效果。这里面需要注意到两种不同的情况：善的动机达成了善的效果，恶的动机达成了善的效果。也就是说，仅凭结果，我们无法推断动机的善与恶，但是至少我们在教育过程中，要尽力确保教育惩戒的结果是善的，是符合人性和教育的。我们努力追求的状态应该是基于善的目的，达成善的结果。

因此，教师实施教育惩戒的边界就是惩戒的行为符合人性，保持对人的尊严的尊重，在惩戒过程中能够遵循公正和仁慈的原则，并通过惩戒减少错误行为，引导学生向正确的方向发展，进而实现更积极的成长。

3.达成人性的美好：教育边界

教师惩戒的教育边界是指惩戒要符合教育规律并切实达成教育目的。

首先，教师在实施惩戒的过程中，要基于教育的目的而不是其他的目的。 些教师惩罚学生，不是为了教育学生，而是为了解闷取乐。有些教师则是在学生并不存在过错行为的情况下，由于自身的情绪不佳而拿学生出气或者发泄。这些非理性的教育惩戒偏离了教育目的，违背了教师的专业伦理。

其次，教师在实施教育惩戒的过程中，要使用符合教育规律、学生身心特点的方式和手段。一些教师经常因为学生在考试中出错而进行严厉惩罚，这种惩罚往往会造成学生的委屈感和无助感，产生不利于教育的影响。因为学生在一定阶段知识掌握不牢固，或者因为粗心而做错题，都是很正常的教育现象。这些错误不属于学生主观故意的错误。教师提出的成绩要求，很有可能是学生力所不能及的。在这种情况下实施惩罚就违背了"罚其当罚"的教育原则。

最后，教师的惩戒行为应实现预期的教育目的，达成积极效果。教师的惩戒行为在效果上要具有教育性，而不是反教育性。很多教师注重的是学生出错之后的惩罚行为，而忽视了惩罚结果是否达成。这种情况下，教师往往缺乏对自己惩戒行为的反思和调整，影响惩罚的效果。反过来，还会造成惩罚的滥用，进而陷入一种恶性循环之中。

因此，始终以惩罚的教育性效果的实现情况，来衡量和判断惩戒行为是否得当，可以使教师在行为选择和实施上更加谨慎、更加科学。

长善救失——教师惩戒之善的实现

惩戒行为是有善恶之分的。教师所要做的就是竭尽全力实现惩戒之善，避免惩戒之恶。在教育现实中，我们很多时候都是为了惩戒而惩戒，忘记了思考我们为什么要惩戒？惩戒是否达到了我们想要追求的教育效果？惩戒是否是此时此地最好的教育方法和手段？

所以，要实现惩戒之善，需要从以下几个方面着手。

1. 相信人性之善，善用"不罚之罚"的教育艺术

教育惩戒的背后是教师的人性观。有的教师相信人性的善良和美好，相信可以通过教育，在每一颗心灵中播下善的种子，相信以自己的宽容和爱可以唤醒良知，所以他们在面对学生的错误时采取的是柔性策略，用"不罚之罚"让学生反省自己的错误，产生自责之心，启动自我教育的机制。"此时无声胜有声"，教师的高尚情操和境界犹如一面镜子，让学生看清自己的内心，也看清正确的道德方向。

苏霍姆林斯基对这种内在的心理过程进行了精妙的描述。"在一个人感到羞愧的时候，才会产生严格要求自己的愿望。当一个人在为自己不体面的行为感到羞耻的时候，他会想到别人在这一瞬间在看着他，这又一次地感到

有一个理想的人在自己的心灵之中。羞耻往往比来自外面的最严厉的惩罚更有力，因为这是用自己的良心去惩罚自己的良心。培养孩子有羞耻感，这是每位老师需要掌握的一个魔杖。"①

滋润心田的汗水

王 凯

小学三年级时，我是班里最差的学生。每次父母去开家长会，面对的都是一份糟糕的成绩单和家长们灼人的眼光。那着实是个令父母脸上无光的时刻。我虽然也常因此而挨打，却总是不长记性，过耳就忘。

记得那是个夏天的中午，一出门我便将父母的苦口婆心抛于脑后，开心地到小河里去游泳了。童年是我们一生中唯一可以凭着即兴式的热情而无需听命于任何规矩或理智的年代，因此可以想象我又一次因为贪玩而迟到了。而当着班主任何老师的面，我却装出一副可怜巴巴的蔫样，谎称自己生病了。何老师摸摸我的额头，她似乎大吃一惊，二话没说背起我就要去医院。

> 替代惩罚的七个技巧：
>
> 1. 请孩子帮忙
>
> 2. 明确表达强烈不同意的立场（但不攻击孩子的人格）
>
> 3. 表明你的期望
>
> 4. 提供选择
>
> 5. 告诉孩子怎样弥补自己的失误
>
> 6. 采取行动
>
> 7. 让孩子体验错误行为的自然后果
>
> ——《怎样说孩子才肯听，怎样听孩子才肯说》

① ［苏］В·А·苏霍姆林斯基.怎样培养真正的人［M］.蔡汀，译.北京：教育科学出版社，1992：163.

纵使我推说再三，她仍是步履坚定地向医院走去。

正值下午最热的时候，骄阳似火，溽热闷人。也许是因为内心的不安，我感觉似乎连周围的空气也凝住了。晒化的柏油路踏上去滋滋粘脚，瘦小的何老师背起我走得更加吃力。她大口大口地喘着粗气，好几次都累得停下了脚步，但稍稍喘息之后，又把我往上托一托继续走。一阵阵烘烘的热气从她背上冒出，豆大的汗珠不断从她额头沁出，她每走一步都会有汗珠滴在我手臂上。我不忍再看，既心痛又后悔不已。多次，我想承认错误，但却没有勇气，那一刻，年幼的我竟蓦地体察了她的用心良苦，心里第一次盈满了一种难以言状的感动，我的泪水很快地流了下来，低着头在她背上无声地饮泣。

到了医院，很巧，医生检查出我的体温确实有些高。可我并未因侥幸而感到轻松，同时我相信，何老师也能从我内疚的表情中看到实情，但她还是一声不吭地背起我就往回走。这次她走得更沉重了，汗珠还是不停地滴落在我的手臂上，我感觉每一滴都像是滴洒在我愧恨的心田里。我又止不住地流下了感动的泪水，这一次，我哭出了声。

现在回想起来，正是这感动的泪水，濯清了我内心某些矫饰的污渍，帮我斩断性情中某段顽劣的根枝，让我在感动的同时抛却了谎言，重获了天真和单纯。从此以后，我像是变了个人，收敛了玩心，刻苦学习，成了一名好学生，但其中的原因我从未对谁说过，而只是小心地把这份感动深藏于心，时时以此来滋润我的良知。许多时候，我们常常会被这样一些极细小的事情而感动，并且因为感动而剖析自我或努力回报，从而使我们的心灵变得更加清澈明亮和美好。

在这个故事中，何老师用她的质朴、善良乃至隐忍，给了学生深深的情感触动，学生的顽劣和欺骗被老师的爱融化，心中的柔软和向善被唤醒。这里没有惩罚，而这种"不罚之罚"的教育力量可能超过了任何形式的惩罚。

这是教师深刻的教育情感所产生的教育力量。这样的"不罚之罚"因为触及了灵魂而触及了教育的真谛。

在"不罚之罚"的教育过程中，教师用自己的灵魂无声地碰撞学生的灵魂，而教育之中最深的秘密就是灵魂的触动和觉醒。不罚之罚是避免表面的教育而切入深刻的教育过程之中，就是唤醒学生的自我反思，给学生自我教育的机会，相信学生内心自我教育的力量。这是教育中最重要最珍贵的信任。

而在实际的教育实践中，对于惩戒手段的随意使用和过度使用，剥夺了孩子自我教育的机会，弱化了教育过程自身的教育性。"体罚所带给孩子的影响，没有一样是父母所期望的。孩子受到的惩罚，会减轻他们对错误行为的内疚感，他们认为'惩罚'可以抵消他们的'罪行'，可以心安理得地重复自己的错误。"[1]孩子们的心里有一个背负罪恶的秘密：他用父母的体罚来洗清自己的罪恶。但是，体罚是孩子最不需要的！[2]

孩子在自己的错误中体会到同伴的疏远，体会到内心的不安。内心的体验本身是具有教育性的，此时，并不需要外在的惩戒就能够自我矫正。让惩戒止于孩子悔愧的眼神，这是一种高超的教育境界。

2.避免惩罚的误用，善于捕捉学生向善的内心

在日常教育生活中，教师的惩罚往往针对学生的错误行为，而很少去了解这个行为背后学生的想法。小学生的思维方式和内心世界与成人很不相同，如果简单地以成人的角度判断其行为的对错，往往会因为误解了学生行

---

[1][2] [美] 玛兹丽施.怎样说孩子才肯听，怎样听孩子才肯说 [M].安燕玲，译.北京：中央编译出版社，2012：28，37.

为的真实动机而伤害到学生的心灵。这就需要教师尽最大可能避免武断和自我中心，蹲下来了解孩子真实的内心世界，捕捉孩子错误行为中向善的内心，从而避免误用惩罚，避免产生伤害。这类行为可以用"好心办错事"来概括，孩子的出发点是好的，但是由于对自己行为的后果缺乏认知或者控制能力而犯下错误。此时，教师首先需要的是了解，而不是急于判断并实施惩罚。

苏霍姆林斯基曾经记下这样一个动人的故事：

校园的花房开出了一朵最大的玫瑰花，全校的同学都非常惊讶，每天都有许多同学来看。这天早晨，苏霍姆林斯基在校园里散步，看到幼儿园的一个四岁女孩在花房里摘下了那朵玫瑰花，抓在手中，从容地往外走。

苏霍姆林斯基很想知道这个小女孩为什么要摘花。他弯下腰，亲切地问道："孩子，你摘这朵花是送给谁呀？能告诉我吗？"

小女孩害羞地说："奶奶病得很重，我告诉她学校里有这样一朵大玫瑰花，奶奶有点儿不信，我现在摘下来送给她看，看过后我就把花送回来。"

听了小女孩的回答，苏霍姆林斯基的心颤动了，他牵着小女孩的手，从花房里又摘下了两朵大玫瑰花，对孩子说：

"这一朵花是奖给你的，你是一个懂得爱的孩子，这一朵是送给你妈妈的，感谢她养育了你这样一个好孩子。"

如果单纯看到了孩子摘花的行为就进行处理，按照学校的规章制度，小女孩的行为肯定应该受到惩罚。但是，苏霍姆林斯基并没有这样做，他更关注孩子行为背后的动机。以一个教育者的谨慎和善良，去对事情进行全面的了解，捕捉孩子心灵中善的种子，并尽最大的努力给予呵护和培育，这就是教育家的智慧。苏霍姆林斯基在对老师们谈起这件事时说："批评一个孩子所犯的错误很容易，可是，要呵护和培养一个孩子的爱心却不是一件容易的事啊！因为在孩子成长的过程中，他的爱心会慢慢地融化或吸纳他的错误，可无情的批评和处罚可能将毁掉孩子爱心的火花。所以，对学生来说，培养孩子的爱心远比对他们错误无情的指责重要啊！"

此外，教师在惩罚的过程中，要善于捕捉孩子内心向善的渴望，及时调整自己的行为，满足孩子的心理需要，而不是一罚到底，熄灭了孩子向善的火苗。

在电影《放牛班的春天》中，男主人公受到惩罚——不允许参加合唱团。但是，当为伯爵夫人表演时，小男孩躲在柱子后面，用充满渴望和羡慕的眼神看着同学们表演，马修老师没有冷漠地对待他，而是用鼓励的眼神看着他，给了他强有力的指挥动作，让他参与进来。当天籁般的歌声响起时，马修老师第一次在孩子的眼睛中读到了"感激"。一颗冷漠的心被融化，孩子的眼神出现了神奇的变化，那正是教育创造奇迹的时刻。也许这是孩子决定性的改变时刻，被宽容的孩子会无比珍惜改变自我的机会，而始终被冷漠对待的孩子可能会滋生加倍的冷漠。此刻，教师的宽恕和给予的展示机会，无疑促成了重要的心灵转向，为小男孩成为音乐家奠定了重要的心灵基础。

3.承担惩戒之责，实现惩戒的教育价值

在整个教育环境提倡"赏识教育"，家长对孩子的教育倍加关注的背景下，人们注重表扬和鼓励的作用，产生了"谈惩色变"的心理，一些教师甚

至对学生的错误行为采取"放任"的态度。在过度的表扬中，学生的基本规范和是非观念却难以养成。"人非圣贤，孰能无过"，何况是处于成长中的学生呢？有了过错，就应该矫正，并且让他承担应该承担的代价和责任，否则会对学生的健康成长埋下隐患。关于惩罚的必要性，前苏联教育家马卡连柯曾经有过坚定而清晰地表达："不惩罚的办法只是对破坏分子有利，如果学校中没有惩罚，必然使一部分学生失去保障。""凡需要惩罚的地方，教师就没有权利不惩罚。在必须惩罚的情况下，惩罚不仅是一种权利，而且也是一种义务。"[①] 而社会学家涂尔干也指出，"为纪律赋予权威

> 善并不总是愉快的，它有时像腊月里的寒风那样凛冽而刺骨。我坚信，使孩子正确地、庄严地领会年长的人那些尖锐但又中肯的话，并不那么容易，所以必须长期地、坚定不移地进行教育。
>
> ——[苏]苏霍姆林斯基

的，并不是惩罚；而防止纪律丧失权威的，却是惩罚。如果允许违规行为不受惩罚，那么纪律的权威就会为违规行为所侵蚀。有远见的教育者还会意识到，只要存在利益纷争，社会就不可能没有规则和惩罚。"[②]

因此，对错误行为的恰当惩戒是维护教师权威，保持教育过程有序、有效进行的必要手段。如果恶得不到应有的惩罚，教师的权威就会受到威胁和挑战，善就会受到伤害。在小学课堂中，很多教师控制不了课堂纪律，甚至无法完成正常的教学任务。班级中的"歪气"压倒了"正气"，大多数孩子的正常学习会因为少数人而受到影响。这种现象很多时候与教师不能有效地实施惩戒、维护自身的权威有关。正是在这一意义上，著名教育学者孙云

---

① [苏]马卡连柯. 马卡连柯教育文集 [C]. 吴式颖，等编. 北京：人民教育出版社，1985：59.
② [法]涂尔干. 道德教育 [M]. 陈光金，沈杰，朱谐汉，译. 上海：上海人民出版社，2001：162.

晓指出："没有惩罚的教育是一种不完整的教育，是一种脆弱的不负责任的教育。"

此外，教师在惩戒问题上的顾虑与部分家长对孩子的溺爱有关。一些家长对于教师惩罚学生的问题非常敏感，甚至抱着"护犊子"的心理，不允许教师对孩子有任何形式的批评和惩罚。在这种情况下，教师面临正当实施惩戒的困难。这就需要教师在更高层次上理解自己的教育责任，通过与家长进行更加充分的沟通和对家长的引领，维护自己的教育惩戒权。复旦大学教授钱文忠在他的文章《教育，请别再以爱的名义对孩子让步》中指出："我们要告诉孩子，犯了错误要付出代价。我们这个社会最后一道防线是教育。教育不要轻易向社会让步，不要轻易向孩子让步，也不要轻易向家长让步。我们这个社会要赋予校长、老师更大的权利、更高的荣誉、更好的待遇，但是也应该赋予他们更大的责任。"教师要对孩子的一生负责，教师要为一个国家的未来负责，因此，教师需要不折不扣地承担教育惩戒的责任，即使需要忍辱负重。

"在一个人童年时代就进行责备、批评，这恰恰是去抵制那些小的、初看起来不易觉察的坏毛病的出现。乍看起来，蕴藏着坏事的行为越是无关紧要、不易觉察，您对孩子的责备就越迫切，您的话在他们的心灵里留下的痕迹就越深刻。"[①] "在童年和青少年时期，当恶习没有成性和莠草刚刚生根之际，就要对他们进行谴责。谴责的语言——这是教育者最大的、无可比拟的责任。"[②] 在苏霍姆林斯基看来，教育者必要的惩戒是对学生完善成长的悉心守护，像医生不允许病毒侵入人的身体一样，需要防微杜渐，防患于未然。这种守护蕴藏着指向未来的深沉的责任感。因为"我们在谴责恶习的同

---

① ②［苏］В·А·苏霍姆林斯基.怎样培养真正的人［M］.蔡汀，译.北京：教育科学出版社，1992：206，207.

时，也就把人争取过来了"。① 教师的惩戒是怀着对眼前的每一个人的深深守望而进行的，目的是让每一个人成长在正确的轨道上，教师甚至需要冒着不被孩子们理解的风险和代价。

4.令惩戒触及羞耻感，却不伤害自尊心

孟子曾言："恻隐之心，人皆有之；羞恶之心，人皆有之；恭敬之心，人皆有之；是非之心，人皆有之。恻隐之心，仁也；羞恶之心，义也；恭敬之心，礼也；是非之心，智也。仁义礼智，非由外铄我也，我固有之也，弗思耳矣。"人固有的善端，能够作为一种内在的力量调整人的行为，而教育者所要做的就是相信这种力量，并且促使这些力量发挥积极作用。这正是英国教育家洛克所说的，"唯一真正合乎德性的约束，是因为做错了事，应受惩罚而感到羞耻。"② 教师对学生实施惩戒时，如果能够使学生认识到自己的错误，并且在内心产生羞愧，有想要悔改的心，那么这样的惩戒就是有效的。也就是说，触及人的羞耻感是教育惩戒的初衷所在。

但是另一方面，学生的内心是非常丰富敏感的，在让学生感到羞耻的过程中，如果不能采取正当的方法，极易造成对学生自尊心的伤害，惩戒结果就会与初衷相去甚远。一些老师在对学生实施惩戒的过程中，抱着"就想让你知道丢人的感觉"的想法，用各种方式"让学生出丑"，创造出"羞辱仪式"。③ 这种方式的确会让学生感到羞耻，但却很难激发学生向善悔改之心，反而让学生心生怨恨，走向相反的方向。带着关爱的心让学生感到羞

---

① ［苏］B·A·苏霍姆林斯基.怎样培养真正的人［M］.蔡汀，译.北京：教育科学出版社，1992：209.

② ［英］约翰·洛克.教育漫话［M］.徐诚，杨汉麟，译.石家庄：河北人民出版社，1998：61.

③ ［美］约翰·霍特，孩子为何失败［M］.张惠卿，译.北京：首都师范大学出版社，2010：233.

愧和带着冷漠的心让孩子出丑，孩子的感受是不一样的。因此，触及学生的羞耻之心却又能保护其自尊心，是惩戒实现其教育性的关键所在。

在一片令人刺耳的喧嚷声中，齐阿拉·巴格拉托夫娜走进了教师休息室。她一只手使劲地拉着一个小男孩，

符合教育的惩罚应该满足如下要求：

1. 惩罚不是目的，不应该知识使人的肉体受痛苦。

2. 只有被惩罚者理解到全部的问题在于集体是在维护共同的利益的时候，换句话说，只有他知道集体要求他做什么和为什么这样要求他的时候，惩罚才是有意义的。

3. 惩罚内容本身并不重要，重要的是惩罚事实的本身以及表现在这一事实上的集体的谴责。

4. 惩罚应当是教育。被惩罚者应真正认识到，为什么要惩罚他，并且理解惩罚的意义。

——［苏］马卡连柯

强令他尾随着自己。看来，这个男孩大概也是二年级学生。女教师的另一只手握着一本翻开的练习本。她站到教师大休息室的中央，大声地、气愤地呼吁大家注意听她说话。

"同志们，请大家稍停片刻！……请大家瞧一瞧这个男孩！"

我们大家——这个教师大休息室里坐着不下50人——都转过身来朝向他们，有人走近前去瞧一眼这个男孩。

"你们大家都看到这个鼻涕虫了吗？他不是你们可能觉得的那种人！你们可要知道，这鬼东西已经有了恋……爱……对象啦！他在谈恋……爱！在数学课上，他不好好学习，却在写他的情书！……这就是，你们看，他在数学练习本上画着和写着的是什么东西！"

"这还不算什么，你们且听听这个鼻涕虫在上面写了些什么！"她以令人异常厌恶的腔调模仿男孩子的声音读了起来："我只想跟玛伊柯结婚。我爱玛伊柯。我将给她买一件用黄金做成的连衫裙！"

"你们瞧，鼻涕虫爱上了玛伊柯！他再也不想学习了，他想结婚！你们说，对吗？"她以此结束了自己的独白。

有几个教师大笑起来，用刻薄的语言嘲弄这个男孩。

教师们在教师大休息室里公开嘲弄一个小男孩，这使我大为震惊。但更使我震惊的是这个男孩本身，他的大无畏精神和勇敢的举动。

他突然昂起头，猛然往上一跳，他跳跃的高度刚好够着被女教师高高举起，正在让教师们一遍又一遍读在上面写着什么的那个练习本，他从女教师手中一把夺下练习本，用力挤出教师们密集的人群，从我们的教师大休息室里飞奔而去，在他身后给我们留下了一阵刺人心肺的凄惨的喊声：

"我恨你！……我恨你们所有的人！……恶人！……坏蛋！"[1]

为了使惩戒能够达到应有的教育效果，伴随着惩戒，教师应有相应的教育沟通，使学生理解惩戒的缘由，理解教师的良苦用心，使惩戒不至于被学生误解，实现更好的惩戒效果。马卡连柯明确提出的在惩戒前后与学生进行谈话的要点，至今具有现实的借鉴意义。

无论如何，在加以惩罚之前，教师必须和学生进行谈话。这些谈话所涉及的应当是学生的行为，而不是立即采取惩罚。

在学生犯过之后，教师应立即进行谈话，还可以邀请年长的同学参加。谈话应当是简短的、严肃的和正式的，并允许犯过者解释自己的行为。

延期的谈话应当在夜间较晚的时候进行，以便谈话不致中断。谈话的声

---

① ［苏］ω・A・阿莫纳什维利.孩子们，你们生活得怎样？［M］.朱佩荣，高文，译.北京：教育科学出版社，2002：103.

调应当是和蔼的，详细地分析问题，细心倾听对方的解释，无论如何不要微笑，不要嘲笑，也不要开玩笑。在谈话中应当很好地向学生说明他的行为对于他自己、对于集体的害处，给他举出实例，介绍他应该读什么书。[①]

5. 实施公正的惩戒，避免不公之伤

惩戒能否在学生的心中产生预期的积极影响，还取决于学生是否认同教师的惩戒行为，因此，公正就成为惩戒之善实现的核心要素。在教育实践中，惩罚的不公正包含两个方面：一方面是，学生所受的惩罚与他的过失行为不匹配；另一方面是，同样犯错，不同的人受到了不同的对待。就第一方面而言，有的学生没有犯错，教师却误认为学生犯了错，在未调查清楚事实的情况下就实施惩戒，造成对学生的冤枉。这样不公正惩戒的最大危害是让学生对教师的权威产生强烈的排斥和怨恨，甚至产生对抗和报复心理。在电影《放牛班的春天》中，蒙丹之所以会一把火点燃学校，就是用报复的方式宣示自己因为被冤枉而产生的仇恨。因此，冤枉学生的不公正惩罚所造成的结果往往是灾难性的，教师应当尽最大的可能予以避免。惩戒应该遵循"疑罪从无"的原则，也就是说，在没有充分证据的情况下，宁可放过学生也不冤枉学生。因为，放过学生，还可能引导学生对自己的错

> 凡需要惩罚的地方，教师就没有权利不惩罚。在必须惩罚的情况下，惩罚不仅是一种权力，而且也是一种义务。
>
> ——［苏］马卡连柯

①［苏］马卡连柯.马卡连柯教育文集［C］.吴式颖，等编.北京：人民教育出版社，1985：286.

误行为进行自我反思和自我教育，还可以通过其他方式进行引导和教育，而冤枉学生则会造成无法挽回的负面影响。也就是说，符合教育伦理的惩戒必须公正，学生所受的惩罚和所犯的错误必须匹配。教师最容易犯的惩戒错误就是"想当然"地推断肇事者，然后"自以为是"地相信自己的判断，最后使用暴力强迫学生承认自己的错误，把学生逼迫到绝望和自我放弃的绝境。

此外，还有一种情形是学生所犯的错误很小，老师的惩罚却很重。有的学生只是上课说话，老师却让学生叫家长或写检查。在学生看来并不是很严重的错误，教师却"小题大做"，这种情况下学生不会产生改过之心，只会萌生委屈和怨恨之情。

惩戒不公正的另外一方面主要指教师的"偏向"。有些教师会因为学习成绩、家庭背景、是否班干部等种种因素的影响，而在实施惩戒时不能做到一视同仁。普遍存在的"成绩偏见"，经常使教师产生一种偏差的行为取向——好事情更容易安在好学生身上，坏事情更容易安在差学生身上，于是制造了教育中的"马太效应"，在宠坏好学生的同时，将"差生"逼到失望与灰心的境地。例如，同样是没有完成作业，对班干部网开一面，对普通学生则要罚抄写；同样上课插话，对好学生就认为是积极回答问题的表现，对"差生"就认为是故意捣乱而罚站。这些教学细节在教师看来往往微不足道，但学生却很在乎。不公正的惩罚会让他们感觉愤愤不平，

> 一般说来，应当尽可能地少处分，只有当非处分不可时，当处分显然是合适的并得到公众舆论的支持时，才应当处分。
>
> ——［苏］马卡连柯

并且对教师的权威产生质疑，对教师产生信任危机。当他们失去对教师的敬

畏之心，无所顾忌的心会犯下更多的错误，这将是教师最难面对的情境。

因此，秉持公正之心，"战战兢兢、如履薄冰"地实施惩戒，是惩戒之善实现的内在保证。教师越谨慎地行使手中的惩戒之权，学生越能从教师的谨慎中受益。

6.保持理性，避免情绪性惩戒的反教育性后果

人本来是天使，但是情绪冲动可以使人在瞬间变为魔鬼。对于教师而言，避免"冲动的惩罚"，保持教育理性尤为重要。在情绪状态下的惩罚往往偏离教育事实本身，在情绪的席卷下，教师的行为甚至因此失控。很多教师过分的惩罚行为都是在情绪状态下发生的。此外，情绪性惩戒由于理性的缺失，使学生看到教师"缺陷"的一面，造成对教师威信的损伤。正如洛克所言，"他们很小就能区别愤怒与理智了；他们不能不尊重出自理智的东西，同时也会很快地藐视愤怒；即使愤怒可以一时慑服他们，但是这种慑服的力量很快就会烟消云散；出于天性，他们很快就会看不起这种缺乏理智、虚张声势的威吓。"[1] "责备的话语应当严肃、和蔼而又庄重,应该说明他们的过失究竟有些什么不好或者为什么不合适，而不应当匆匆责骂他们几句了事；因为这会使他们分不清你之所以生气是不是针对他们的成分多而针对过失的成分少。盛怒的呵斥常常不免混杂粗暴低俗的言词，结果还会产生一个坏处，把骂人的话也教给了儿童。"[2] 因此，情绪性的惩罚往往会改变惩戒的教育性质，造成教师未曾预料的消极示范和影响。此时的惩戒从形式到内容都因为情绪的参与而扭曲变质。"当教师因为自己在发怒而对学生进行惩罚时，这种惩罚通常会伴随着'我要让你们吃不了兜着走'或'我们走着瞧谁说了

①②［英］约翰·洛克.教育漫话［M］.徐诚，杨汉麟，译.石家庄：河北人民出版社，1998：60.

算'之类的话语。这类话语并不意味着教师在故意把惩罚用作控制手段，这纯粹是发泄情绪。"①

所以，惩戒之善的达成需要教师修养自己的内心，善于把控情绪，用平和持重的教育理性面对学生的过错行为，采取恰当而充满正义的教育行为。正如马卡连柯所言，"学生所受的处分不管多么严厉，但绝不应当超出应当处分的范围。"

教育需要惩戒，但惩戒却不是最好的教育。因此，教师在实施惩戒时，须将自己从惯性行为中超脱出来，对教育方式进行清零式的反思，拿出足够的勇气对抗习惯性的力量。因为即使周围的人都使用体罚，也无法证明体罚就是最好的教育方法。

惩戒是有底线的，它可以禁止和消除人的行为，却不能全然激发人的潜能和价值，实现更高尚的教育境界。因此，好的教育仅有惩戒是不够的，还需要激励、引导、爱和宽容，需要教师用更丰富的知识和智慧在学生的心灵上播种，不让孩子的心灵因为无所事事而无事生非。因为孩子们的心灵就像土地一样，不长庄稼，就长杂草。教育者所能做、所要做的，就是用人类精神世界中最精华的内容充实孩子们的心灵，让他们充满激情和热爱地去做更有价值和意义的事情，发挥全部的潜能，进而让师生在丰裕的精神世界中徜徉、享受，将惩戒远远地抛在身后，这才是值得每一个教师追求的教育生活。

---

①［美］Thomas L.Good，Jere E.Brophy. 透视课堂［M］. 陶志琼，等译. 北京：中国轻工业出版社，2002：247.

专题七　伤人或疗伤

——小学教师的语言之善

师者戏言之恶

老师欠我三声狗叫

吴芯雯

老师们一个个都是爱说假话的伪君子，对学生说的是一套，自己做的又是一套，都是骗人的。第一个说假话的是我上小学时的一个语文老师。那时候，我其他成绩都不错，只有语文成绩不太好，特别不喜欢写作文。教我们语文的是一个二十多岁的女老师，说实话，开始我们都挺喜欢她的，她长得很漂亮，说话声音脆脆的，像百灵鸟，我和同学们在背后给她取了个外号叫"白雪公主"。

也许是我的语文成绩拉了全班的后腿令她着急，三年级下学期开学时她对我说："洪钧，如果这个学期你能每天坚持写一篇作文，我保证趴在地上给你学三声狗叫。"

我不敢相信自己的耳朵，疑惑地问："您说的可是真的？"

她很严肃地点点头说："当然是真的，如果你能坚持，我保证不食言。"

我一听，心里激动得乐开了花，让漂亮的女老师趴在地上学狗叫，那该多有意思呀，那一定是轰动全校的新闻。

我将老师的许诺悄悄对跟我很要好的几个同学讲了，他们也都很激动很兴奋，大家都给我鼓劲说："这有什么难的，不就是一天一篇作文吗，你一定能坚持。"他们都想看女老师趴在地上学狗叫的样子。

于是，我写作文有了巨大的动力。有时绞尽脑汁写不出来时，也想放弃，可是一想到女老师学狗叫的样子，我又硬着头皮坚持写下去，那个学期我真的坚持做到了每天写一篇。怕老师抵赖，我每个星期还将自己写的作文送给她看。

一个学期终于过去了，我一共写了100多篇作文。

期末考试结束后马上就要放暑假了，可老师似乎忘了自己的诺言，只字不提学狗叫的事。我心里暗暗着急。

那天上午，是我们最后一次到校，拿了成绩单和各科老师布置的暑假作业，我们就不用到学校去了。女老师来给我们布置语文作业。我心想，这可是最后一个机会，我一定要当面问问她学狗叫的事，也许她把这事给忘了。

她布置完作业正准备离开教室，我突然站起来说："老师，您还欠我三声狗叫。"

她听了，吃惊地张大了嘴巴。这时，教室里一阵骚动，因为班上同学几乎人人都知道老师和我打赌的事，这时都想看老师是不是真的会信守诺言。

女老师的脸上泛起一阵红晕，她恼怒地说："你还当真了？我是为了鼓励你才说的，你看，这个学期你的作文不是有进步了吗？再说，老师怎么能学狗叫呢？亏你想得出！"说完，她头也不回地走了。

我呆呆地站在那里，心里难受得直想哭。

这时，坐在我后面的一个同学走过来拍拍我的肩膀说："只有你这个傻瓜蛋才信她的，活该！"我想都没想便抡起拳头朝他的脸击去，那一拳正打在他的嘴上，嘴流血了，他捂着流血的嘴说："你个蠢货，有种你找她去呀，干吗冲着我来？"

我背着书包像丢了魂一样离开了学校。虽然期末考试我的语文成绩第一次突破了 70 分，可我一点儿也不感谢她，因为她欺骗了我。当时我心里就是这么想的。

从那以后，我以在她的课堂上故意捣乱来报复她，以不做她布置的作业来报复她。总之，后来我成了一个让老师既头疼又无奈的差生。

在这个案例中，教师将自己对学生的承诺视为儿戏，而学生却深信不疑，最终导致对学生的伤害。这种伤害是由于教师对语言的轻率造成的。这样的伤害并非一般意义上对一个失去信用的人失望，而是对喜欢并敬重的老师失望，对老师所代表的群体乃至整个成人世界失望。在这样的失望中，教师的权威会在孩子心中瓦解，美好的受教育过程因之而转折。这个故事的最终结果是，孩子在小学老师和初中老师一系列言而无信的行为中受伤，然后怨恨、报复，最

> 教师的言语——是什么也代替不了的影响学生心灵的工具。
>
> ——［苏］苏霍姆林斯基

终成为一个少年犯，令自己的人生一片灰暗。也许我们会说每个人都应该对自己的人生负责，可是在孩子幼小的时候，周围那些强大的人如何影响了他的人生，又有谁去承担呢？此时，我才理解一位老教师说，有时想起自己对学生的责任不禁会惊出一身冷汗，因为担心自己会误人子弟。"君无戏言"，为师者不可"言而无信"，教师的语言可以激人奋进，也可以伤人害人。

正是基于对教师语言作用的深刻理解，苏联教育家赞科夫才会语重心长地提醒教师："请您不要忘记，孩子们受到的不公平的待遇，特别是这种待遇来自一个亲近的人的时候，他的痛苦心情会在心灵里留下一个长久的痕迹。比方说，一场雷雨过去了，闪电击坏了一棵高大的橡树，狂风吹折了一些树木。虽然，大雷雨是过去了，又是蓝蓝的天空，灿烂的阳光，可是大雷

雨留下的痕迹，还将很久地提醒您想起它。在教育中也是这样，不愉快的时刻过去了，您还是照常热情而亲切地对待学生，可是在他的心灵里，所发生的事还没有平息呢。因为，儿童对于教师给予他们的一切都是很敏感、很看重的。"①

因为身份的特殊性，教师语言也具有了非同寻常的道德意蕴——或善或恶、或造福或造孽，教师是其语言德性的决定者，同时也决定了他作为教师的幸与不幸。一位老师因为对学生恶言讥讽，而被尊严受损的学生拳脚相向；一位对学生循循善诱、苦苦相劝的老师，多年后被学生跪地谢恩，因为老师充满爱的语言唤醒了迷途的少年。用语言支撑起孩子的天空，用语言描绘出职业生涯的幸福，这是教师的职业使命，更是他的人生意义所在。

---

①［苏］列·符·赞科夫.和教师的谈话［M］.杜殿坤，译.北京：教育科学出版社，1980：40.

师者美言之善

教师是以语言为生的人，通过语言来实现对学生的教育影响。语言是教师实现教育目的的重要工具，如果不能善用，这一工具就会成为伤人的利器。因此，善用语言是教师实现专业伦理的重要途径。

苏霍姆林斯基对教师语言的重要性进行过非常精辟的表述。"我相信教育者的话语有着强大无比的力量。语言是一种最精细、最锐利的工具，我们的教师应当善于利用它去启迪学生们的心扉。""如果在你学生的心灵里奏出语言的音乐，那他就会变成你的受教育者。你的话，即道德的教诲已深入到他心灵上最隐秘的角落，唤起做一个美的人的愿望。"教师想要运用语言达成这样神奇的教育功能，就须强化语言自身的道德性。

教师语言道德性的核心标志就是语言承载着教师对学生的无条件的爱和积极期待。人们往往称那些对自己特别好的老师为"恩师"，这里的"恩"往往是老师给了自己特别的关注。这样的"恩"往往通过教师的语言传达到学生的内心，在学生的心灵中激荡出"不负师恩"的冲动。被人们传为佳话的李叔同先生和丰子恺先生的师生之情就很好地演绎了教师语言之善的力量。

一天晚上，丰子恺去李叔同的房间送交作业，正要退出时，李叔同叫住了他，和悦地说："你的画进步很快，在我所教的学生当中，从来没有见过这样快速的进步。"听到自己所敬佩的老师对自己的肯定与赞赏，丰子恺的心灵受到了极大的鼓舞。他在日记中写道："我听到他这两句话，犹如暮春的柳絮受了一阵强烈的东风，要大变方向而突进。这一晚一定是我一生中一个重要关口，因为从这晚起，我打定主意专门学画，把一生奉献给艺术，直到现在没有变志。"

在李叔同的影响下，丰子恺疯狂地爱上了绘画和音乐，宁静安逸的校园总是见到丰子恺刻苦练画、认真虔诚的身影。在恩师的影响下，丰子恺先生最终形成了别具一格的艺术风格，成为举世闻名的漫画家。

只有当教师的语言本身是善的、美的，它才能够在教育中唤醒善，创造美。

也就是说，"只有当话语里蕴藏着追求道德理想种子的时候，话语才能成为道德教育的工具。言语的教育是教育学中和学校中最复杂、最艰难的东西。我给自己提出这样一个目标，就是要使那些共产主义的道德准则、真理、原则能够体现在渗透着奉献的话语里。我对我的学生们要说的这些话语就是：怎样活着才能使你成为一个真正的人。这并不是为了抽象的学生们编写出来的教诲。这些话语是从我的心灵里流淌而出，灌注到几代学生们的心灵中去。"[1] 苏霍姆林斯基要求自己的语言，能够承载着善良而美好的愿望，能够给学生以积极的期待，能够不断地在孩子们心中播种。他要求自己的语言要有灵魂，抵达和触及孩子们的灵魂。教育的目的就在这样的语言浸润中日渐达成。倘若教师的语言中没有包含着理想、信念，没有包含着对心灵的崇高的期待，那就只是一种技术性的工具，并且失去影响心灵和思想的力量。

---

[1]［苏］Ｂ·Ａ·苏霍姆林斯基著.怎样培养真正的人［Ｍ］.蔡汀，译.北京：教育科学出版社，1992：5.

可如春雨可如刀的教师语言

教师的专业伦理并非空洞的存在，而是需要具体的途径和方式去展示和实现。教师充满善意地使用语言，进而达成善美的教育目的，这是教师专业伦理极为重要的体现。然而，究竟何为语言之善以及教师如何达成语言之善，则需要进一步的阐释和澄清。

1."语言之善"的真意

海德格尔曾言，"人在语言中，语言是存在的家。"人与生俱来就存在于语言之中，人不可能离开语言而存在，并且只能存在于语言之中。也只有在先在于他的语言的引导下，人才能理解自我和世界。因此，语言与我们作为人的存在息息相关。塞尔认为："人类的语言本身就成了人类种种习俗、惯例、规范和制度等社会实存的必要条件，或言人类社会的所有这些生活形式无一不存在于语言中并以语言的'外壳'求得其存在，或言'绽现'其存在。"[①]

"良言一句三冬暖，恶语伤人六月寒"，语言的良善与邪恶决定性地影响着我们存在的人文环境。因此，语言之善是实现美好存在不可或缺的条件。

---

① 韦森.经济学与哲学：制度分析的哲学基础［M］.上海：上海人民出版社，2005：127.

人类诗意的存在很多时候需要通过语言实现的。教育过程始终依赖于语言，可以说，教育存在于语言之中。语言是否得到善意的使用，是否达成了善美的教育效果，都是教育者必须面对和回答的问题。

为此，我们需要理解和澄清究竟何为"语言之善"。具体而言，"语言之善"应该包含两层基本内涵：

第一，语言之善意味着语言承载着善的意愿。

就主体而言，对语言的使用应当出于善的动机和愿望。作为工具，语言应当承载主体善良仁慈的意愿，这是语言之善的根基，也是语言作为工具的灵魂所在。作为工具，语言本身无所谓善恶，而作为道德主体，使用语言的人本身是有善恶之分的。善良的人可以使语言成为温暖人心的拂面春风，而邪恶的人则可以使语言成为刺伤心灵的利器。

第二，语言之善还意味着语言实现了善的效果。

善的意愿并非总是能够达成善的结果。但语言之善追求通过运用语言以达成一个积极而美好的结果。合理使用语言能使聆听语言的人获得积极的内心体验，使事物的发展朝向更加和谐的方向，从而实现语言善的功能。

语言之善的这两个方面是相互联系的，但在很多情境下两者并非完全一致。动机和效果有时会背道而驰。但是，在教育过程中，只有这两个方面同时具备，语言之善才是真实的，才能最终完成。

就整体而言，语言之善是达成了主体人美好良善的存在状态。语言建构了人存在的精神和文化环境。语言善的功用的发挥和实现，能够使人的存在更加充实而惬意，更能实现人的全部潜能和灵性。这也正是语言之善在教育中至为重要的缘由所在。

2. 教师如何体悟"语言之善"

教师的语言之善意味着教师能够娴熟地运用语言建立良好的师生关系，然后去达成理想的教育。只有在心中铭刻"语言之善"

> 语言能够使人文明，也能叫人野蛮；能伤人也能疗伤。教师需要具备体恤的语言，他们的话语必须能够传递情感、改变心情、诱导善意、启发见解和散播尊重。
>
> ——［美］汉恩·吉诺特

的重要，教师才会在唇齿之间更加谨慎，更加用心。

第一，教师要深刻觉知语言的教育价值。

教育存在于语言之中。教师是在与人的沟通中实现教育价值和自我价值的。教师越是能够意识到语言的重要，越是能够自觉而谨慎地使用语言，就越是能够创造出更好的教育。因为由语言所构建的环境构成了极为重要的教育。在很多情况下，教师通过语言实现对学生的生杀予夺之权。正如汉恩·吉诺特所言，"我发现一个恐怖的结论，发觉我是教学成败的决定因素。我可以用个人的方法去营造学习的环境，也能用每天的心情去决定学习的气氛。身为老师，我掌握无比的权力，使学生过得悲惨或快乐。我可以作为折磨人的工具或激发灵感的媒介。我能侮辱人或使人开心，也能伤人或救人。无论在什么情况下，我的反应决定了危机是扩大或是缩小，是教化或兽化学生。"[1] 然而，"要教出好人，只能用好的方法。如何管教而不侮辱、批评而

———————————————
① ［美］汉恩·吉诺特.接受我的爱——老师如何跟学生说话［M］.许丽美，许丽玉，译.北京：中国广播电视出版社，2009：序，前言.

不损自尊、赞美而不评价、表达愤怒而不造成伤害？语言如何产生爱而不是恨，减少冲突而不是破坏希望，幽默而非激怒？"①

语言与教育相伴而存，如果能够深刻觉知语言在教育过程中的决定性影响，能够自觉而谨慎地使用语言，那么，教师就可以用语言创造出一个最具教育价值的环境。反之，则有可能造成一个最具破坏性的教育环境。因此，教师对语言教育价值的深刻觉知，是教师善用语言并实现教育之善的基本前提。

第二，教师要心怀教育之善使用语言。

语言只是工具而已，决定语言善恶的关键因素就是语言使用者自身心怀的善意和恶意。心怀慈悲仁爱的人，会使用亲切和善的语言去激励人、鼓舞人、安慰人、体贴人，通过语言在心灵之间传送温暖和关爱，从而激扬振奋或者涤荡洗礼人的心灵，甚至唤醒和拯救人心。正如作家莫言在回忆自己的小学老师时所说，"当所有的老师认为我坏得不可救药时，王老师通过一件小事发现了我内心深处的善良，并且在学校的会议上为我说话。这件事，我什么时候想起来什么时候感动不已。"②老师一句体恤而富有正义感的话扶正了莫言濒临倒塌的自我认知，挽救了一个心存善良的孩子。这位只教了莫言半年的王老师善于从细节中发现学生的善良，敢于在有压力的环境中心怀正义为学生主持公道，这种内心的善意通过一句话发挥了巨大的教育作用。反之，内心阴冷、漠视学生感受的老师则会将语言变成种种讽刺、挖苦甚至是贬损和谩骂，任由语言去伤害学生的心灵而全然不觉。这种承载着恶意的语言对教育的影响是致命的。很多学生认为讽刺挖苦是比体罚更为严重的教育伤害，这样的语言伤害直指心灵，所造成的创伤具有极强的隐蔽性和长期性。

因此，心怀善意使用语言，意味教师要用自己的善良、仁爱之心使语言

①［美］汉恩·吉诺特.接受我的爱——老师如何跟学生说话［M］.许丽美，许丽玉，译.北京：中国广播电视出版社，2009：序，前言.

② 莫言.我的老师［M］//大卫.名师笔下最难忘的师恩.北京：石油工业出版社，2007：2.

成为冬日暖阳，形成鼓舞人心、唤醒心灵的积极力量，从而发挥和创造奇迹般的教育效果。

第三，教师要确保语言能够达成教育之善。

很多情况下，教师使用语言的初衷与最终达成的结果是背道而驰的。语言的使用一方面要出于善意，另一方面还要确保达成善的结果而不是事与愿违。很多教师固执地认为，只要自己的出发点是为了学生，只要初衷是好的就问心无愧了。这就导致了哈耶克所说的悲哀的结果——"通往地狱的路往往由善意铺就"。教师基于对学生的爱而使用激将法刺激学生，导致的结果不是学生感受到了爱，而是被深深伤害。教师出于善意却不能够善用语言和其他教育手段，进而导致教育悲剧的事例比比皆是。在此时，教师自己往往会感觉很委屈。一个完善的教育过程不仅需要善的意愿，还需要善的结果；一个优秀的教师既要有善良慈爱的内心，还需要通过使用包括语言在内的各种手段，使自己的善良慈爱得到正确的表达并产生相应的教育结果。可以说，目的与结果的一致，才能保证教育之善的完整实现。

一位学生对于自己六年级老师所说的话的回忆，证明了语言在达成教育之善时的力量。"他相信我们，指引我们，也唤起我们的自尊和想象力。'这个世界需要你们贡献才干。社会上有痛苦、疾病和贫穷。你们可以有悲天悯人的胸襟，为同胞造福祉、施援手；相反的，也可以变成扼杀同胞的刽子手，成为人类的毒瘤。不论任何情况，你们能够当解决问题的人，也可能成为制造问题的罪魁祸首。'他的话至今依然萦绕在我的心中，引导我，使我的生活日渐向善。"①

---

① ［美］汉恩·吉诺特.接受我的爱——老师如何跟学生说话［M］.许丽美，许丽玉，译.北京：中国广播电视出版社，2009：161.

立德立言——教师语言之善的实现

教师语言之善的实现是需要条件的。教师的心性修养和语言艺术能够将可能变为现实，使语言成就良善而非邪恶，创造美好而非丑陋。

1.修养心性，为语言赋予善的灵魂

"言为心声"，语言是心灵的表征。教师首先要修养自己的心性，才能使自己的语言由内而外散发出人性的光辉和美好。因此，修养心性是教师达成语言之善的根本。

第一，持存善良之心，令语言润物无声。

"我不想以搜查的方式得到答案。我只希望那个拿走钢笔的孩子能好好地爱护它，认真地使用它，并且终有一天会明白自己的错误，承认自己的错误。孩子，不用敲门，我的门永远都在为你敞开。希望有那么一天，你会走到我的面前，勇敢地说出真相。"这是一位令人敬重的老师，在自己那支作为已故爱人留下的唯一纪念品的英雄钢笔丢失之后，在教室里说出的饱含信任与期许的话。而这段话对于那个拿了钢笔的孩子是怎样的拯救，只有身处其中的人才能够体会到。

作者描述了自己当时的感受，"老师，您是不是已经注意到了那个躲在角落里的我？是否发现我那正在瑟瑟发抖的肩？是不是看到了我窝在课桌旁那颗独自低下去的头？老师，你知道吗？在那一刻，恐惧已活埋了我。我会想象自己被搜出钢笔后惨遭同学唾骂的情景。最后，我终于明白这恐惧的真正根源了：我已成了个地地道道的贼娃子！一个根本不可能被善良质朴的村人容忍的贼！我将面临一个多么可怕的未来！"而善良的老师制止了即将发生的搜查活动，说出了上面那段意味深长的话，将一个被恐惧淹没的孩子拯救出来。

这位老师的语言对于这个孩子的一生都至关重要。他将一个处于善恶边缘的孩子一把拉回到人生的正轨，将一个可能无比黑暗的未来改换为依旧阳光灿烂的未来。这种巨大的道德拯救力量的产生源自教师内心的善良和仁慈，他没有用嫉恶如仇的莽撞去给人难堪，没有用强求水落石出的执拗逼人于绝境，而是用网开一面的善良给了人站立的台阶。

因此，语言是善良的心灵、宽广的心胸在瞬间的流露和表达，是内心的道德力量赋予语言善的意蕴与功能。而且，这样的善往往会在教育的日常细节之中点点滴滴地闪现，虽看上去微不足道，但却展现出教育最美的光华。

想听你把话说完

黄雅芸

会场很大，灯光照亮了舞台。现今很多公开展示的教学活动，不得不从教室搬到这里。

"嘟——"不很张扬却清晰入耳的长声哨响。

正站着发言的学生一愣。

她亦微微一怔，随即微笑地对孩子说："不要紧，你继续说。"

孩子捡起被哨声打落在地的思路，继续往下说。

现场很静，听得到秒针嘀嗒的声音。

这是一次省级小学教师学科素养选拔赛，项目很多，从朗诵、写字、个人才艺，到综合答题，一环一环地进入到现在的课堂教学。当然，课堂教学占总分的比值最大，达60%。赛前预备会上发的"比赛规则"明确指出：必须听哨下课，哨声一响，意味着扣分开始；二次哨响，加倍扣分。她在这条规则下用红笔画了两条深红色的波浪线，旁边还打了个大大的红五角星。赛前有专家叹息，这样高手云集的大赛，竞争激烈到靠小数点后两位数来排次序，说"差之毫厘，失之千里"，一点也不过分。

就在课前一个小时，她还在细细地阅读着这些扣分细则，并盘算着自己的分数目前排名第几，课堂教学要拿到多少分才有出线的把握。

哨声响时，这位腼腆的男生，正为概括课文内容认真思索并努力地组织语言。不难看出，他的思路如一群本就柔弱的鸟儿被一声哨音惊得一哄而散，他费劲地搜罗着散失的思维碎片，口中却只有"唔……嗯……呃……"老师微笑的眼神落在他额头渗出的细小汗珠上，微笑里便更多了一份抚慰："别着急，想清楚，接着说……"

孩子断断续续地说下去，说着说着，话语渐渐连贯起来。其实，概括课文不必也不应该那样细致描述的，但他的思路正变得清晰，表述开始流利，老师不忍心打断这样的进步，同学们也都沉静地听着。

眼看他就要说清了，两声急促的哨音尖厉地刺穿整个会场的平静。哨音再次让他愣住。

这回，她有些恼了，径直走到孩子桌前，正视着孩子为难的目光，斩钉截铁地说："别管它！继续说，我想听你把话说完。"她的语气难掩情绪的些许起伏，她努力克制着，平静而坦然，专注地倾听这个孩子说完他的最后几句话。

下课了，她回到选手座位席坐下，身边相熟的老师凑过来说："太可惜了，这次因超时你要吃大亏了！"她轻轻扭过头去，自言自语地说："这种时候，没得选的。"

她有得选吗？面对孩子清澈的眼眸叫"停"？仅仅为了遵循那个所谓的"游戏规则"？

那几十秒钟，她只看到学生额上沁出的细密汗珠，只看到他心底张皇的犹豫，那几十秒钟，她只想让他安心把话说完，仅此而已。

是龙应台说过的吗，孩子，你慢慢来。

今天，一个孩子慢慢地把话说完；将来，有一天，当他的发言准确简练，既精彩又睿智的时候，他会不会偶然记起，曾经有个教师微笑着鼓励他"别着急，想清楚，接着说……"？

她只觉得，自己做了教师该做的事。

不远的话筒里传来一串嵌满数字的声音：去掉一个最高分，去掉一个最低分，平均分……扣去超时分，最终得分……

不知怎的，这些声音，离她很远。她的心里很安静。[①]

语言是一种形式，背后的实质是人的心灵。在这个案例中，教师之所以能够说出鼓励学生、安慰学生的温暖话语，是因为教师有一颗善良慈爱的心。因此，教师想要实现语言之善，就需要修养心灵之善，从而让美善的语言从美善的心灵中自然流淌而出，滋润学生幼小的心灵。

第二，修养理性和智慧，去除情绪性的语言暴力。

"咬紧牙，不说出那句伤害学生的话"，这就是教师在与自己的情绪对抗，用理性拖住狂暴的情绪，把伤害紧紧拦挡在自己的口腔之内。不说出那句伤害的话，不射出那支有毒的箭，看上去虽是表面的行为，而背后却是教

---

① 吴非．一盏一盏的灯［C］．南京：江苏教育出版社，2013：76．

师强大的理性和智慧。因此，教师语言的教育功能的发挥，还与教师的教育智慧或教育理性密切相关。在实际的教育情境中，教师往往因为缺乏理智而情绪性地使用语言，导致语言暴力的发生，酿成难以弥补的教育悲剧。

一些学生辍学或自杀的直接导火索就是教师的语言伤害。倘若教师能够善于反思自己在教育过程中对语言的使用，不断修养自己的教育智慧和教育理性，那么教师的语言就会日臻完善，教师的教育过程就会日益逼近最善美的教育境界。正如特级教师吴非在对教师语言进行反思之后提出的，"改造教育语言，目的远不止是表示师生平等，也不完全是为了让他们消除紧张情绪。教师用这样或那样的方式表现对学生的尊重，学生在这样的环境中成长，他也学到了待人接物的方式。"①

2. 善用语言，用语言实现教育之善

教师要实现语言之善，除了修养心性的基础条件，还需要技术性条件。也就是说，语言之善需要通过对语言的妥当使用来实现。语言的善用意味着教师在使用语言时，依赖的不是单纯的经验，而是专业知识和专业理性，基于对学生心理的清晰认知，基于对教育机智的纯熟把握。

善用语言需要教师改变经验性的使用教育语言的自发状态，而进入一种科学的自觉状态。"想说什么就说什么，想怎么说就怎么说"的自发状态，使教师的语言缺乏应有的教育理智，非但难以达成正向的教育效果，反而极容易形成心理伤害。教师使用教育语言的理性自觉状态，意味着教师清晰地知道在各种不同的教育情境中，应该如何正当地使用语言，能够选择适当的语言面对不同的教育对象，在对语言的理性驾驭中达成预期的教育效果。

---

① 吴非. 致青年教师［M］. 北京：教育科学出版社，2010：95.

由此可见，教师并非会说话就能够善用语言。教育语言之善的实现，需要教师按照教育以及学生心理成长的规律来正确地使用语言。汉恩·吉诺特曾语重心长地提醒教师在教育过程中使用语言的一些金科玉律。"沉默是金，然后是聆听；言简意赅才显得权威；学会多听少说；问题横生的时候，不是传授教诲的良好时机（当一个人几乎溺毙的刹那，不是教他如何游泳的好时刻）；心思不要用在指责，而要用在找出解决办法上；努力对诉苦作出回应，而不是防卫或反驳；避免盘问尴尬的问题。"①可惜的是，实践中教师往往很难遵守这些原则。

第一，善于赞美，让赞美激励学生的成长。

教师对学生的赞美是实际教育生活中常见的教育语言类型。但是对于如何使用恰切的语言赞美学生，并不是每个教师都清晰明了。赞美有两种不同的类型——描述性赞美和评价性赞美。使用的类型不同，产生的教育效果也有所差异。评价式赞美因为涉及评价，容易引起焦虑等情绪，从而具有破坏性。而描述式赞美因为赞美特定行为表现，注重描述学生所做的具体努力，不涉及品性的评价而具有建设性。然而在实际教育过程中，教师常常使用评价性赞美而不懂得使用描述性赞美，导致的结果就是"赞美如药"。"赞美如毒品一样可以让儿童获得短暂的舒畅，可是却会造成依赖性。别人成为他寻求赞许的来源。他依赖别人平息自己的渴望和建立价值观。别人不得不时刻赞美他。而真正的自尊的建立需要来自学生的内心，来自真正的成就感和自我价值认同感。"②

第二，善于批评，让批评成为一种鞭策。

孩子在成长的过程中，总会犯下这样或者那样的错误，需要成人的指导

①② ［美］汉恩·吉诺特.接受我的爱——老师如何跟学生说话［M］.许丽美，许丽玉，译.北京：中国广播电视出版社，2009：前言，69.

和修正。因此，批评就成为教育过程中的基本手段。然而，批评是一味苦口的良药，孩子们常常因为其引起的"苦"而拒绝接受批评；或者逆反，或者对抗，甚至用极端的方式来面对老师的批评。有的孩子离家出走，有的孩子甚至用自杀的方式来对抗批评。那么，什么样的批评是善的，什么样的批评会引发恶果，非常值得教师反思。

教师需要考虑的不仅是自己有多少批评孩子的理由，更要从学生的角度去考虑，什么样的批评是学生能够接受的，什么样的批评能够让学生感受到自己的爱、正义感以及深深的期待。苏霍姆林斯基明确指出，教师要善于教会学生正确地对待批评和责备，使学生能够在批评和责备中正确成长。"要善于理解和感受到在对你的行为进行责备中，会有一种正义感的流露，没有这种正义感就不可能有一般的幸福。谴责不会给你带来快乐，但是你应该去感谢它，原因是它可以救你，使你不至于堕落。如果人们能在学生时代就理解这一点，那么，到了成年时期遭遇到的不幸就会少一些。"[1] 然而，作为教育者，我们需要思考的是如何说出具有正义感的话，如何说出"尖锐而中肯的话"。"许多教育者并不善于说那些能使孩子们正确领会的尖锐而又中肯的话。一个最大的简直难以忍受的不幸，就在于老师在与学生谈话时常常先带有情绪。"[2] 而带着情绪的批评，常常导致的结果是"使学生感到委屈"，也破坏了师生之间的信任关系。"凡是委屈和不信任相冲突的地方，那里必然产生对立情绪；老师本想制止学生的坏毛病，而结果适得其反。所以，我们当老师的应当采用几十种、几百种不同的方式，时时去表达自己对学生坏毛病的批评和责备的态度，而且应当做到使学生在您面前能敞开心扉，而不是默不作声、大发脾气，也不是把你们那尖锐而中肯的话语看作是因胸有成见

---

① ② ［苏］Ｂ·Ａ·苏霍姆林斯基.怎样培养真正的人［Ｍ］.蔡汀，译.北京：教育科学出版社，1992：204，396.

而发泄怒气的现象。"①在教育过程中，一些学生会将老师的批评看作是"专门针对我"的"找茬"，觉得批评背后是老师对自己的偏见，老师在"故意和自己作对"，从而对老师产生的不是认可、感激，而是仇恨。所以，正确的批评是有力的鞭策，令学生痛改前非；错误的批评，则会制造敌对和仇恨，走向教育的对立面。

第三，善于闲谈，在闲谈中让学生感受到老师的温暖。

在我们忘记教育的时候，才是教育真正发生的时候，这正是闲谈所具有的特殊教育价值。老师和学生的谈话有很多种，但是在一个人们争分夺秒希望将时间置换成金钱的时代里，教师已经没有与学生闲谈的心境了。然而，闲谈的价值往往是人们难以预料的。前文中，李叔同先生对丰子恺先生的影响就体现了一席闲谈的价值。

教师与学生的闲谈之所以能够产生巨大的教育价值，是因为学生能够在老师与自己的谈话中，感受到老师对自己的"关注"。美国优秀教师茱迪斯·迪尔奥讲述了自己通过日常谈话表达对学生的关注的做法，值得我们借鉴。

"我不仅仅说'你好吗'，我会问：'最近怎么样？这周末打算做什么呀？'每个孩子的事情我都会知道一点儿：他们住在哪里，正在做什么，课后喜欢做什么。我通常会让他们尽情地说。一次，我得知一个孩子竟然会开飞机。一个15岁的孩子在高高的蓝天上驾驶飞机！我想：'那简直太了不起了！'因为我的父亲就是一位飞行员。要是没有交谈，他们只是上课来、下课走，我可能永远都不会知道这件事。每个孩子的生活都很精彩，都有一些值得自豪的事情。在他们的生活中既有成功和喜悦，也有艰辛和辛酸。如果我能让这些孩子封闭的心扉稍稍敞开一些，并愿意让我分担哪怕一点点他们

---

① [苏] B·A·苏霍姆林斯基.怎样培养真正的人 [M].蔡汀，译.北京：教育科学出版社，1992：204.

的烦恼，他们就会感觉好得多。我不想表示反对，也不想做其他什么事情，我只想让他们知道有个人在乎他们。"①

吴非老师在《致青年教师》一书中指出："在教育中，如果我们不敬重崇高，下一代将变得猥琐；如果我们不维护正义，下一代就会丧失羞耻感；如果我们不看重诚信，下一代将以奸诈为荣；如果我们不尊重文明，下一代将会比赛粗野。"教师秉持了怎样的道德理想和伦理境界，决定了他将以怎样的姿态进入教育过程。只有教师在道德层面上站立成一棵笔直的树，才有可能去影响一片小树林。教师的专业道德操守是教育之善的根基所在，而这一根基的实现则有赖于教师用语言之善去构建现实教育。富有道德意蕴的语言可以传播仁爱，播撒善良的种子，令教育充满道德和人性的光辉，进而照亮孩子们的未来，照亮这个社会的未来。

① ［美］茱迪斯·A·迪尔奥.师生沟通的技巧［M］.潘琳，译.北京：北京师范大学出版社，2009：67.

推荐阅读

1. ［苏］Ｂ·Ａ·苏霍姆林斯基.怎样培养真正的人［Ｍ］.蔡汀，译.北京：
   教育科学出版社，1992.

2. ［苏］Ｂ·Ａ·苏霍姆林斯基.给教师的建议［Ｍ］.杜殿坤，编译.北京：
   教育科学出版社，1984.

3. ［美］汉恩·吉诺特.接受我的爱——老师如何跟学生说话［Ｍ］.许丽
   美，许丽玉，译.北京：中国广播电视出版社，2009.

4. ［英］约翰·洛克.教育漫话［Ｍ］.徐诚，杨汉麟，译.石家庄：河北人民
   出版社，1998.

5. ［美］Thomas L.Good, Jere E.Brophy.透视课堂［Ｍ］.陶志琼，等译.北京：
   中国轻工业出版社，2002.

6. ［苏］ω·Ａ·阿莫纳什维利.孩子们，你们生活得怎样？［Ｍ］.朱佩荣，
   高文，译.北京：教育科学出版社，2002.

7. ［美］约翰·霍特.孩子为何失败［Ｍ］.张惠卿，译.北京：首都师范大
   学出版社，2010.

8. ［法］涂尔干.道德教育［Ｍ］.陈光金，沈杰，朱谐汉，译.上海：上海
   人民出版社，2001.

9. ［加］伊丽莎白·坎普贝尔.伦理型教师［Ｍ］.王凯，杜芳芳，译.上海：

华东师范大学出版社，2011.

10. ［美］肯尼思·A·斯特赖克，乔纳斯·F·索尔蒂斯.教学伦理［M］.
    洪成文，张娜，黄欣，译.北京：教育科学出版社，2007.

11. ［美］帕克·帕尔默.教学勇气——漫步教师心灵［M］.吴国珍，等
    译.上海：华东师范大学出版社，2005.

12. ［苏］B·H·契尔那葛卓娃，H·H·契尔那葛卓夫.教师道德［M］.严
    华，盛宗范，译.上海：华东师范大学出版社，1982.

13. ［美］雷夫·艾斯奎斯.第56号教室的奇迹［M］.卞娜娜，译.北京：
    中国城市出版社，2009.

14. ［加］马克斯·范梅南.教学机智——教育智慧的意蕴［M］.张树英，
    译.北京：教育科学出版社，2000.

15. ［法］安德烈·孔特－斯蓬维尔.小爱大德——美德浅论［M］.赵克非，
    译.北京：作家出版社，2013.

16. ［美］托马斯·里克纳.美式课堂——品质教育学校方略［M］.刘冰，董
    晓航，邓海平，译.海口：海南出版社，2001.

17. ［古希腊］亚里士多德.尼各马可伦理学［M］.廖申白，译.北京：商务印
    书馆，2008.

18. ［法］拉罗什福科.道德箴言录［M］.何怀宏，译.北京：生活·读
    书·新知三联书店，2004.

19. ［德］第斯多惠.德国教师培养指南［M］.袁一安，译.北京：人民教育
    出版社，2001.

20. 檀传宝.教师伦理学专题［M］.北京：北京师范大学出版社，2010.

21. 吴非.不跪着教书［M］.上海：华东师范大学出版社，2004.

22. 吴非.致青年教师［M］.北京：教育科学出版社，2010.

23. 高德胜.道德教育的 20 个细节〔M〕.上海：华东师范大学出版社，2007.

24.〔日〕黑柳彻子.窗边的小豆豆〔M〕.赵玉皎，译.海口：南海出版公司，2003.

25.〔英〕A·S·尼尔.夏山学校〔M〕.王克维，译.海口：南海出版公司，2006.

26.〔法〕达尼埃尔·佩纳克.上学的烦恼〔M〕.李玉民，译.北京：人民文学出版社，2010.

27. 吴非.一盏一盏的灯〔M〕.南京：江苏教育出版社，2013.